singular

ORIOL ERAUSQUIN
LA RABIA ES NUESTRA

Una emoción política en disputa

siglo veintiuno
editores

archipiélago
siglo veintiuno

españa
siglo xxi editores
www.sigloxxieditores.com
travesía bellver, 2, 28039, madrid

argentina
siglo xxi editores
www.sigloxxieditores.com.ar
guatemala 4824, c1425bup, buenos aires

méxico
siglo xxi editores
www.sigloxxieditores.com.mx
cerro del agua 248, coyoacán, 04310, ciudad de méxico

Diseño de cubierta e interior: Sebastián Sánchez Yáñez

Fotografía del autor tomada por Dani Gago durante la
manifestación por Palestina del 27 de septiembre de 2024
en Madrid.
No ha sido posible identificar al titular de los derechos de
la imagen de cubierta. La editorial queda a disposición
para atender cualquier comunicación al respecto.

1ª edición en España: octubre de 2025

ISBN: 978-84-323-2160-3
Depósito legal: M-19004-2025

Impreso en España. *Printed in Spain.*

Índice

Nunca he sentido desesperanza por la situación en el mundo. Pero sí me ha llenado de rabia. Creo que no estoy desesperado. No puedo permitirme la desesperación.

James Baldwin (1987), escritor y activista por la liberación negra

Declaración de intenciones

Este es un libro pegado al presente e informado por el pasado, pero cargado de futuro. Trata de captar nuestro espíritu de época, de crisis y desorientación. Un momento que requiere reflexión, pero demanda acción. Un momento que me interpela. Como académico, porque no se puede permanecer imparcial ante un mundo en llamas. Como activista, porque no tenemos tiempo para repetir de forma irreflexiva los mismos métodos de lucha. Este libro quiere ser leído en tiempos de internet, de baja capacidad de atención, pero en los que también es posible la búsqueda inmediata ante cualquier duda. Para priorizar una lectura fluida prescindo de referencias y notas a pie de página, si bien al final de cada sección encontrarás un volcado de fuentes. También son fuentes de este libro los debates en asambleas y las conversaciones con amigas. Tienes en las manos un artefacto que juega con su estilo y forma, dividido en las siguientes partes:

La primera, «Tiempos rabiosos», trata de introducir el enfoque y contexto que enmarca el libro. La segunda, «El exilio de la rabia», examina cómo esta emoción ha sido denostada, devaluada y expulsada de lo político. La tercera, «Suyo es el asco», muestra cómo en tiempos de crisis (de la masculinidad, económicas, migratorias…), la derecha dirige la rabia contra chivos expiatorios a los que acusa de «degenerar» la sociedad. La cuarta, «Un mundo en llamas», estudia cómo se ha articulado y comunicado la rabia con acciones políticas como sabotajes, las críticas al pacifismo y la respuesta represiva del Estado. La quinta, «Cómo organizar la rabia», propone cómo acumular fuerzas y conectar luchas para enfrentar el auge reaccionario desde un frente amplio. El epílogo, «Hacia un antimilitarismo no pacifista», reflexiona sobre el contexto de auge bélico y propone acciones, medidas y objetivos para construir una oposición a las raíces de la guerra.

Primera parte:
Tiempos rabiosos

El fango

El cambio climático se manifestará como una serie de catástrofes grabadas con teléfono cuyas imágenes se acercan cada vez más al lugar donde vives hasta que eres tú quien las graba.

Atribuida al usuario de Twitter @PerthshireMags

Es martes, pero nadie se va pronto a dormir. 29 de octubre de 2024. Toda una noche en la que nuestras pantallas se inundan con vídeos de una de las catástrofes climáticas más graves de la historia de España. Acudimos incesantemente a las redes sociales. Necesitamos dar sentido al sinsentido.

Se suceden imágenes y cifras en una pugna por el relato de lo sucedido. En un primer momento, la izquierda reconoce las distintas causas de la tragedia: la crisis climática, la mala gestión del Gobierno valenciano y la irresponsabilidad de los empresarios, que habían puesto en riesgo las vidas de sus trabajadores. Un vídeo corre como la pólvora: una furgoneta de Mercadona completando su reparto bajo el torrente. El capitalismo antepone la producción a la vida. **Es un ejemplo manifiesto de las tesis que defiende la izquierda.** Esta crisis humanitaria es solo una muestra de una gran crisis climática fruto de la política neoliberal asesina que promueven empresarios y políticos. *Solo el pueblo salva al pueblo.*

Pero la derecha se apropia de este lema y le da la vuelta para convertirlo en un gesto patriótico. Solo es el comienzo: a río revuelto, ganancia de fascistas. Se toman en serio el principio fundamental de Steve Bannon, el propagandista de la Internacional Reaccionaria: «inunda la zona de mierda». El medio de verificación *Maldita.es* detecta más de 110 bulos solo durante los primeros días. Difunden su propia teoría de la conspiración convirtiendo el *parking* de Bonaire en una supuesta fosa común con cientos de cadáveres que el Gobierno y los medios tratan de ocultarnos. Nos están engañando, repiten. Ante la catástrofe, crean una ultra-catástrofe, suben el umbral para captar la atención y mantener su antagonismo conspiranoico. La artimaña permite a la extrema derecha multiplicar y canalizar la rabia.

Mientras las jóvenes organizadas por Palestina en Madrid estamos plantando nuestros primeros puestos de recogida de material y alimentos para Valencia, la organización juvenil de extrema derecha Revuelta ya está fletando camiones pagados por VOX. Nos toman la delantera por goleada con una capacidad impresionante de organización y de visibilización de sus resultados. En las redes dominan la conversación. Han desplegado todo el ejército de bots y enjambres de *influencers* fachas que llevan años cultivando. Colocan su discurso y las imágenes de su trabajo sobre el terreno. Por suerte pierden el pie cuando se filtra un vergonzoso vídeo de un periodista del programa de Iker Jiménez, hoy altavoz de la extrema derecha (en su versión *nazis del misterio).* En él se ve a Rubén Gisbert tirándose al suelo para mancharse de barro con la intención de que parezca que ha bajado a Valencia para hacer algo más que monetizar el odio y las muertes.

Solo cinco días después de la DANA, los reyes y el presidente se acercan a Paiporta. Los vecinos, abandonados por las instituciones, esperan impacientes a que lleguen noticias de sus familiares y amigos desaparecidos. Ofende el gran despliegue de policía para esta pantomima coreografiada al milímetro. ¿Dónde están cuando hace falta achicar agua? No hay aplausos, no hay besamanos, solo insultos y exigencias de justicia. El pueblo lanza barro a la Corona ante las cámaras. También a Pedro Sánchez, que tiene que salir escoltado mientras le llueven palos y piedras a su coche. Dos semanas después, en la segunda visita real a localidades afectadas, la recepción fue muy distinta. En lugar de abucheos, hubo abrazos, vítores y aplausos espontáneos de un público agradecido y emocionado. En solo unas semanas, la monarquía pasó de ser un blanco de la rabia ante la crisis a un pilar simbólico de estabilidad institucional y consuelo. La Corona salió del fango más limpia.

Pasado el frenesí de los primeros días, se asientan las posiciones en el tablero político. La izquierda se decanta por centrar su atención en la figura de Mazón. El presidente de la Comunitat Valenciana no solo ha cometido una negligencia mortífera, sino que encima la proyecta contra la Agencia Estatal de Meteorología, acusándoles de no haberle proporcionado la información a tiempo. Meses más tarde sigue mintiendo, cambiando continuamente de versión y, como demostraron desde *El Salto*, incluso manipulando imágenes para engañar sobre los sucesos de esa jornada. El blanco es fácil. La gente necesita aclarar quién ha sido responsable.

Elegir un objetivo es dirigir la rabia. El descontento contra Mazón se materializa en una gran concentración frente al Palau de la Generalitat de València. Varios de los presentes se untan las manos de pintura roja o con el barro de la DANA y marcan con ellas la fachada del edificio. La acción atrae gran atención mediática. Un gesto popular de rabia contra el Gobierno autonómico que acaba siendo reprimido con cargas policiales. Sin embargo, la hiperfijación en Mazón como personaje, el posterior juego detectivesco sobre con quién comió (o a quién se comió) ese día ha acabado por desconectar la catástrofe de sus causas estructurales. De la crisis climática, de la letal planificación urbanística, del lamentable estado de los servicios de emergencia tras años de recortes. La atención hacia el negligente comportamiento de Mazón intensifica la rabia pero la concentra en un punto concreto. No logra desbordarse hacia otros cauces que permitan configurar un golpe más amplio contra el sistema. La óptica climática acaba estando más presente en los medios internacionales que en los propios.

La derecha también elige su objetivo. Tras días bailando entre varios bulos aterriza sobre uno: los embalses. Concretamente, sobre la falta de ellos. Juegan una partida brillante de negacionismo. Sin necesidad de negar directamente el cambio climático, lo hacen de soslayo al centrar la atención sobre la demolición de embalses y pantanos. No importa que eliminar azudes obsoletos o en mal estado reduzca el riesgo de inundaciones. Tampoco la concatenación de Gobiernos cómplices de la especulación inmobiliaria en zonas inundables. No, la culpa es de quienes llevan denunciando todo esto durante años: los ecologistas. Y con ellos, la culpa es de toda la izquierda progre, que queda satirizada como un grupo de lunáticos cuya desconexión con la realidad se ha cobrado vidas. Como en todo relato, donde hay un villano tiene que haber un héroe. La derecha elige a Franco, al que presentan como un Cid Campeador que fue plantando embalses por el bien de la nación. Ante la crisis eligen el franquismo pop para inocular sus ideas de la necesidad de líderes de la nación y de que cualquier tiempo pasado fue mejor.

El imaginario liberal del individuo egoísta presenta las catástrofes como momentos de *sálvese quien pueda*, lo que legitima la represión del Estado Los medios colaboraron con la policía para retratar a la gente que rescataba comida como «saqueadores». La realidad es que en la catástrofe brota el apoyo mutuo, como demuestran las oleadas de voluntarios de todo el Estado que llegaron a las zonas más afectadas antes que las autoridades.

La DANA es solo el principio. **Habrá más catástrofes naturales, bélicas, económicas y sanitarias que despertarán la rabia.** El capitalismo ha entrado en un estado de permanente crisis y precariedad que provoca una falta de sentido y de futuro. Y ante tanta crisis, brota la rabia. Pero también otros sentimientos como el miedo, el odio y el asco, que la derecha capitaliza. Se sirve de ellos para dirigir la rabia contra objetivos vulnerables. Ahora bien, nuestra rabia puede construirse desde un sentimiento de injusticia. **La DANA nos muestra que, en tiempos de crisis, izquierda y derecha competimos por la misma rabia.**

La rabia como emoción política

¿Es la rabia el puente entre el dolor y la rebeldía? ¿En qué momento la angustia, la desesperación, la impotencia se convierten en rabia?
Subcomandante Marcos, 2023

La normalidad nos acorrala y asfixia. Los precios de los alquileres, la precariedad tan extendida, el genocidio palestino con complicidad del Gobierno, la represión policial y sus infiltraciones en movimientos sociales, la catástrofe climática tan evidente como ignorada políticamente. Esta realidad desesperante provoca impotencia, sensación de falta de horizonte, pero también una rabia que te señala que el sistema es injusto.

A menudo, adquirir conciencia política comienza con un profundo sentimiento de rabia, porque **la rabia señala un antagonismo. Nos indica la existencia de una amenaza y nos activa para responder a ella.** Sentimos rabia ante lo que percibimos como injusto. Por eso, muchos regímenes han caído tras un estallido social. La rabia es la emoción de los oprimidos. Aunque se manifieste de formas distintas, todos somos víctimas de un mismo sistema opresor. Que la rabia responda a contextos particulares no debe limitarnos a pensarla como algo individual.

No hay nada casual en el desprecio y criminalización de la rabia de la clase obrera y, en concreto, de quienes dentro de ella se encuentran marcados por la raza y el género. *Divide y vencerás.* Desprecia la rabia y poco a poco conseguirás que quien la siente la reprima a cal y canto en la esfera privada, donde la rabia acaba reconcentrada. Una trampa ingeniosa porque, con frecuencia, desconocemos que algo que nos aflige o duele es sistémico hasta que lo ponemos en común.

Cuando se acumula en el tiempo la frustración ante un problema no resuelto ni en vías de resolverse, puede emerger una rabia destructiva que a menudo se descarga contra objetivos arbitrarios. O más bien, objetivos al alcance, sujetos más vulnerables, una violencia del penúltimo contra el último. Esto nos puede llevar a interpretarla como gratuita cuando en realidad es nihilista, nacida de tener que tolerar repetidamente el dolor y el fracaso hasta sentirse sin rumbo y ajeno a la comunidad en la que participamos. La justa reacción de repulsión hacia esta violencia antisocial explica por qué calan tanto los discursos que vilifican la rabia.

Estos discursos permean también en los espacios políticos, donde podemos acabar por repudiar la rabia al equipararla con la ira. Una emoción que asociamos con estados de tensión, enojo o furia y que percibimos como paralizante o improductiva. Pero hay una rabia que no funciona así. Cuando una compañera expresa la rabia que siente contra aquello que le daña, nos conmueve de una manera diferente que una exposición sosegada. Su agitación puede ser el puente que nos permita conectar con ella. Reconocemos y validamos su rabia porque nos identificamos en ella o la asimilamos como propia. Así, la rabia no se manifiesta de forma destructiva, tampoco como motivo de tristeza, enfado o pesimismo. **La rabia compartida provoca momentos de euforia y optimismo porque ya no nos sentimos solos, sentimos como iguales a quienes son capaces de entendernos, de conectar su lucha con la nuestra.** Hay mucho poder en esa conexión. Nos motiva a la organización colectiva en un mismo frente, contra un mismo enemigo: este sistema depredador que afecta a tantas víctimas distintas.

La rabia es poderosa, pero también peligrosa. Explosiva. Esa es su mayor virtud, pero también su mayor defecto. Ante un momento de tensión, enfado y desconfianza mal gestionado podemos adoptar críticas destructivas hacia los espacios que compartimos. En su peor cara, la rabia nos puede llevar a distanciarnos, incluso a dinamitar todo lo construido hasta el momento. Por eso mismo, no es aconsejable darle la espalda. Es más sensato reconocerla, escucharla y canalizarla hacia objetivos correctos. Podemos elegir el camino opuesto, afearla o silenciarla, pero con ello no conseguiremos detenerla o prevenirla. Nos educaremos a sentir miedo hacia la rabia, a responder con vergüenza cuando estamos rabiosas, a percibirla como irracional.

Incluso cuando la rabia está bien dirigida y colectivizada, su naturaleza explosiva se expresa como un estallido efímero. Canalizar la rabia implica darle una forma prolongada y organizada. La rabia sostenida puede ser un motor de cambio. Puede transformarse en movilización, solidaridad y compromiso a largo plazo. Por supuesto, las emociones positivas como la alegría y la ternura son importantes para construir lazos. Para poder confrontar a los responsables de este sistema, necesitamos cuidarnos, construir redes de apoyo mutuo. Sin embargo, esto no se opone a utilizar la rabia como llamada a la acción, como una señal para congregar a *todos los hijos de la misma rabia.*

El potencial de la rabia se despliega con mensajes claros. Los matices excesivos pueden hacer que se diluya o, mucho peor, se malinterprete y dispare contra el objetivo incorrecto. Si algo no debe ser una explosión, es una explosión confusa. Para derribar a nuestros enemigos comunes necesitamos apelar a grandes capas de la población con lemas claros y efectivos. No hay que ignorar los matices, pero sí encontrar formas de ponerlos al servicio de una comunicación clara, sintética y reproducible.

La confusión es propia de la falta de certezas en esta crisis de época en la que estamos ya inmersos. De ella emergen otros sentimientos como la ansiedad, la frustración y el miedo. Estas emociones se suelen manifestar como pensamientos pesimistas o apocalípticos que invitan a evadirse de la realidad y desconectarse de ella. El pretendido optimismo de algunas izquierdas también es una forma de evasión, falsas esperanzas que no enfrentan la realidad y sirven para huir hacia delante pegando una patada a la lata. Necesitamos amor, necesitamos ternura, necesitamos horizontes deseables, pero construir hoy un discurso público solo con estos mimbres lo condena a ser recibido como ingenuo e iluso. En cambio, es la rabia la que puede ayudarnos a reaccionar ante el peso de la realidad, a comprometernos. **La rabia está brotando y alguien la adoptará y dará nombre.** El paulatino auge del fascismo nos demuestra que la derecha está encontrando formas efectivas de capitalizar la ansiedad y el miedo para dirigirlas hacia sus objetivos.

En el incendio, el oligarca
se disfraza de bombero

Hoy Alemania ha declarado la guerra a Rusia.
Por la tarde fui a nadar.
Diario personal de Franz Kafka, 2 de agosto de 1914

«Hoy Elon Musk ha hecho el saludo nazi. Por la tarde pedí un Glovo». La actualidad es tan surrealista que los guionistas de series satíricas como *The Boys* o de distopías tecnofatalistas como *Black Mirror* lo tienen difícil para que la realidad no supere su ficción. Los ecosistemas colapsan, el fascismo asume Gobiernos, Amazon te coloca un cepillo de bambú en un *pop-up* publicitario al lado de un artículo sobre la última atrocidad cometida por Israel y las redes se inundan de vídeos de un concursante de *La isla de las tentaciones* corriendo y gritando por una playa paradisíaca. La luz azul de tu pantalla se refleja en tu cara, es la una de la madrugada y mañana tienes que ir a trabajar. *The show must go on.*

La aceleración de los avances técnicos supone que cada generación viva enormes cambios en su vida. Pilares económicos, sociales, morales y religiosos son derribados, transformados y reconstruidos en el transcurso de unas pocas décadas. Estos vertiginosos cambios despiertan miedos, falta de certezas y una creciente sensación de amenaza. Ante ello, se buscan chivos expiatorios. Con el quebrantamiento de la vida cotidiana, el que habla, se viste, piensa o reza de otro modo se convierte en una encarnación del miedo, un cuerpo contra el que descargar la rabia. No solo me refiero a hechos actuales, como las cacerías racistas ocurridas en 2025 en Torre-Pacheco. Desde sus inicios, la modernidad ha estado marcada por la persecución sistemática: desde la caza de brujas hasta persecuciones raciales como la Gran Redada contra el pueblo gitano, la expulsión de musulmanes y judíos en la península ibérica o los pogromos en el resto de Europa.

Las tecnologías de la comunicación configuran la forma en la que vivimos, nos relacionamos y pensamos. **Frecuentemente, las revoluciones comunicativas despiertan estallidos de paranoia, miedo y rabia.** Sin la imprenta no se habría distribuido *El martillo de las brujas* (1487), libro que posibilitó la expansión de la caza de brujas en Europa a una velocidad y escala previamente imposible en la Edad Media y sus sociedades divididas en esferas aisladas. No podemos entender el totalitarismo del régimen nazi sin la radio, que permitía a Goebbels verter su ideología en las casas, calles y trenes 24/7. Tampoco es posible separar el genocidio de Ruanda de la emisora de radio que deshumanizaba a los tutsis.

En un primer momento, la televisión servía como una herramienta del poder para mantener un relato oficial dirigido a toda la población. Mi padre recuerda que en su infancia, durante el franquismo, todos los domingos después de comer se juntaba medio pueblo en el bar delante de la única televisión que había para ver *Bonanza*. Era más una herramienta cohesionadora que polarizadora. Pero, de nuevo, una innovación tecnológica cambiaría esta situación. Con la llegada de la televisión por cable y la posibilidad de emitir multitud de canales adaptados a cada nicho, el público se desmenuzó en lo que se conoce como «la muerte de la audiencia masiva». Los ejecutivos promovieron esta fragmentación por motivos de *marketing*. Al tener audiencias pequeñas y homogéneas alrededor de ciertos gustos e intereses, los canales podían ofrecer a los anunciantes el público que realmente querían alcanzar. Pero, claro, esta clasificación operaba en base a factores como el nivel educativo, la clase y la ideología, contribuyendo a divisiones culturales y partidistas mediante programas de política o noticiarios que proporcionan información y análisis adaptados a visiones ideológicas diferentes. Esta polarización precedió a las redes sociales, creando un primer caldo de cultivo social de la situación en la que ahora nos encontramos.

Hoy la política moldea las redes sociales y, a la vez, son las redes las que moldean la política. Lo veloz y efímero va en contra de análisis pausados. Todo debate público que aquí discurre no fomenta un intercambio de ideas honesto y sosegado, sino una guerra desde las trincheras de nuestras identidades. Las declaraciones incendiarias y la teatralización de la política como forma de destacar y captar la atención en un clima de saturación de información, de *infoxicación*. **Nunca antes habíamos estado tan hiperconectados pero a la vez tan individualizados, tan atomizados en nuestras pequeñas identidades.** Hemos naturalizado que nos obliguen a crear un perfil desde el cual la plataforma recopila datos y nos encaja en sus modelos. Lejos queda ya el universo de pequeñas y diversas webs y foros. Navegamos Internet a través de unas pocas redes sociales y grandes plataformas tecnológicas que han monopolizado nuestra atención con algoritmos diseñados para engancharnos. En ellas acumular interacciones y seguidores se vuelve otra forma de acumular capital. Un mercado de la atención en el que impera la competición, siempre desde los marcos y límites de las plataformas y sus propietarios oligarcas.

La compra de Twitter por parte de Elon Musk solo ha evidenciado lo que ya sabíamos: **las redes sociales no son ágoras públicas, son centros comerciales con seguridad privada donde los discursos de izquierdas no son bien recibidos.** Desde esta red social, el hombre más rico del planeta promueve sistemáticamente candidaturas de extrema derecha y alimenta estallidos de violencia racista como los sucedidos en Inglaterra en el verano de 2024. Su figura siniestra tiene parecidos a la de Henry Ford. Dos magnates de la industria automovilística preocupados por invertir parte de su fortuna en controlar el flujo de información. Dos agentes fundamentales en el crecimiento de las teorías de la conspiración. Ford adquirió periódicos desde los que popularizó los *Protocolos de los sabios de Sión* en una campaña de propaganda antisemita que culpaba a los judíos de los males del mundo. Musk difunde teorías de la conspiración neonazis como el Gran Reemplazo, redirigiendo la rabia hacia la población migrante.

No es casualidad que los oligarcas del presente, como los del siglo pasado, den voz y financiación al fascismo. Buscan reforzar su posición de privilegio y poder. Pasados unos meses desde su investidura, podemos afirmar que la segunda legislatura de Donald Trump no está siendo como la primera. Abruma la velocidad con la que está desmantelando el Estado para su privatización mientras refuerza los aparatos de represión, de deportación y el ejército. Por un lado, recorta los impuestos a los ricos a la vez que cercena el presupuesto de Hacienda para que no pueda perseguir su fraude fiscal. Por el otro, mutila la ya mísera cobertura de salud pública. Su autoritarismo avanza por el camino de menor resistencia: ante su oposición parlamentaria sionista, los activistas palestinos son un blanco fácil que reprimir e incluso deportar, normalizando la violencia contra activistas organizados. Funciona igual con la persecución de lo trans, un blanco más fácil que abre la veda a una posterior persecución al resto de la comunidad LGTBIQ+.

El fascismo es una palanca de la que tiran los agentes del sistema capitalista cuando ven amenazada su continuidad. A principios del siglo xx, cuando se originó, la amenaza era el creciente grado de organización de la clase trabajadora. Hoy por hoy, no nos encontramos en una situación similar, pero el capitalismo se siente amenazado. Décadas de crecimiento por encima de los límites biofísicos del planeta prometen la intensificación de las catástrofes climáticas. Suenan tambores de guerra por el reparto de unos recursos que empiezan a escasear. El fascismo ahora toma su aspecto más preventivo, como un orden represor desplegado previamente para impedir cualquier proyecto político de oposición. La clase obrera está desorganizada, pero los poderosos saben que en las crisis, cuando falta el pan, brota la rabia popular. Esa es una amenaza que tienen que cortar de raíz, redirigiendo la rabia hacia chivos expiatorios. Agitan espectros como lo trans, el islam y la izquierda *woke* globalista y consiguen que no pocos les compren el relato de que la victoria de

Trump de la mano de los dueños de Amazon, Facebook y Twitter es una derrota de las «élites globalistas».

Las crisis son grandes oportunidades para los fascistas y para los oligarcas. Socialmente, justifican medidas excepcionales en pos de la seguridad. Económicamente, favorecen una mayor concentración del capital. Durante la crisis del COVID la mayoría se empobreció porque la riqueza se transfirió a las élites. Globalmente, los trabajadores pasaron a asumir jornadas más largas con salarios más bajos y en peores condiciones, mientras los ultrarricos manipularon el sistema a su favor mediante privatizaciones, monopolios, reducción de los derechos laborales y ayudas al sector privado. De marzo de 2020 a marzo de 2022 el número de milmillonarios en el mundo se disparó de 2095 a 2668. La riqueza agregada de los milmillonarios pasó en dos años de ser equivalente al 4,4 % del PIB mundial al 13,9 %, creció más que lo que había crecido entre 1987 y 2010.

De la pandemia no hemos salido mejores. **Los momentos de crisis e incertidumbre son muy fértiles para el miedo y la paranoia, que la derecha sabe captar y dar forma.** Con el aislamiento social, se propulsó la digitalización de todas las esferas de la vida, lo cual potenció la importancia y los diversos efectos de las redes sociales a nivel político y social. Por lo general, la pérdida de lo presencial, vinculada a la pérdida de espacios públicos no ligados al consumo, es un golpe a la capacidad de organización. Por ejemplo, el teletrabajo supone una dificultad añadida para el sindicalismo: es muy difícil construir confianza *online*, compartir quejas y organizarse. En este libro examinaremos los límites y potencialidades de las redes sociales, de las comunidades *online* y de la rabia identitaria que ahí prolifera.

Esta es una época de rabia, una época de conflictividad en auge. Aumentan los conflictos militares, el espectro de la guerra recorre Europa en forma de presupuestos bélicos. Ante ello, renacerá un movimiento antimilitarista, pero cabe preguntarse si apelará moralmente a un «No a la guerra» humanitarista o si canalizará la rabia contra las estructuras imperialistas que nos abocan a la guerra. Aumenta la conflictividad fascista, sea por parte de lobos solitarios, troles de Internet, partidos políticos o escuadristas privados de empresas de desokupación. Pero también aumenta la conflictividad de la izquierda con la vuelta de tácticas disruptivas como los sabotajes.

En España, nos encontramos en un fin de ciclo. La situación de la izquierda es penosa, marcada por la división y la desorientación. **No estamos en una posición remotamente preparada para la dimensión de los retos de nuestra época.** Necesitamos construir frentes amplios que conecten nuestras luchas de la misma manera que ya están interconectadas entre sí las crisis a las que responden nuestras luchas. En este contexto es importante estudiar los movimientos sociales del pasado y del presente, analizar sus aprendizajes y la diversidad de sus tácticas, estar abiertos a la experimentalidad. Del magma político actual se dará forma a un nuevo ciclo. Este libro se pregunta qué papel debe jugar la rabia.

Segunda parte:
El exilio de la rabia

Borrado histórico de la rabia

La revuelta es el lenguaje de los no escuchados.
Martin Luther King Jr., 1967

La conflictividad, la rabia, han sido motores fundamentales de los movimientos de liberación, pero su papel ha sido sistemáticamente borrado o distorsionado en el relato histórico. Rosa Parks no era una mujer negra cansada que en 1955 se sentó espontáneamente en un asiento reservado para blancos al verlo vacío en el autobús. Era una activista organizada ejecutando un gesto calculado de resistencia con una vida de lucha colectiva contra la opresión racial y patriarcal a sus espaldas. Ya una década antes, en 1944, había organizado el Comité por la Justicia Igualitaria para defender a Recy Taylor, una mujer negra violada por seis hombres blancos. Sin embargo, **su imagen ha sido reducida a la de una «señora cansada», borrando su rabia y su militancia.**

La forma que hoy toma la lucha LGTBIQ+ con desfiles del Orgullo basados en el ocio, la música y la celebración suele llevar al olvido de los orígenes radicales de la fecha que se conmemora. **Como repetimos cada año, Stonewall fue una revuelta.** En la madrugada del 28 de junio de 1969, en un bar gay de Nueva York, la comunidad queer dijo «basta» en una explosión de furia contra la opresión policial. Marsha P. Johnson y Sylvia Rivera, dos mujeres trans racializadas, encabezaron la resistencia contra las redadas policiales que humillaban y arrestaban a personas por su orientación sexual o identidad de género. La rabia de Stonewall fue el catalizador para la formación de los frentes de liberación gay, fundamentales para los derechos que hoy gozamos dentro del movimiento LGTBIQ+ contemporáneo. Pero esos derechos no están inscritos en piedra. El Movimiento Marika de Madrid ha denunciado un auge de redadas policiales y detenciones que, amparándose en una supuesta lucha contra las drogas, acosan arbitrariamente a personas *queer*. Debemos tener muy presente la historia de Johnson y Rivera y recordar que, sin su rabia, no habría movimiento.

España lleva 13 años sin una huelga general convocada por todos los sindicatos. El paro parcial ha ido sustituyendo a la huelga indefinida y los sindicatos han llegado a pacificar disputas laborales, desconvocar huelgas y centrarse en armonizar los intereses de los trabajadores y los empresarios. Esta falta de conflictividad ha fomentado la desconfianza en los sindicatos y desincentivado la afiliación y la participación en huelgas. Sin embargo, no siempre ha sido así. **Lo combativo ha de ser y ha sido la esencia del sindicalismo.** Como las faeneras de Málaga. Ante la subida de los precios como consecuencia de la I Guerra Mundial, estas trabajadoras agrícolas se declararon en huelga en 1918 por el abaratamiento del alimento y la mejora de las condiciones laborales. Motivadas por su rabia, se unieron trabajadoras de otros sectores (dependientas, empleadas domésticas, cocineras, trabajadoras de almacenes) y ante la persistencia del problema, juntas escalaron en sus métodos para conseguir sus objetivos, asaltando vagones cargados de alimento. Se intentó sofocar su rabia con violencia, la policía mató a cuatro de ellas. La indignación ante la represión motivó una huelga general, esta vez de hombres y mujeres, que logró la bajada de los precios. La huelga de las faeneras es un ejemplo de la importancia de escalar la conflictividad en los procesos de lucha y de mantener viva la rabia como motor de la lucha sindical.

Como ellas, las sufragistas no fueron solo mujeres pacíficas que marchaban con pancartas. **Su lema era «Hechos, no palabras».** Y los hechos llegaron. Incendiaron iglesias, cortaron líneas telefónicas y sabotearon infraestructuras clave. En 1913, una bomba explotó en la casa del ministro de Hacienda, causando daños considerables. Ese mismo año una sufragista se convirtió en una mártir del movimiento al lanzarse frente al caballo del rey durante un Derby. En 1914, otra sufragista intentó incendiar el teatro Royal Albert Hall durante un discurso del primer ministro. Otras atacaron estaciones de tren, campos de golf y hasta el Banco de Inglaterra. Las sufragistas, mujeres blancas de clase alta, entendieron que la única manera de liberarse de su confinamiento a la esfera doméstica y lograr derechos civiles era la confrontación directa. La imagen de las sufragistas como manifestantes pacíficas por el voto es una distorsión. Las sufragistas no solo ganaron el voto, ganaron el derecho a ser escuchadas. Y lo hicieron con rabia, con fuego y con determinación.

Martin Luther King Jr. es recordado como un pacifista porque su rabia y su crítica radical al capitalismo y al imperialismo han sido borradas del relato oficial. Su discurso más famoso, «I have a dream», ha sido despojado de su contexto revolucionario y convertido en un mensaje de reconciliación. **King no solo soñaba con la igualdad racial; denunciaba la «triple maldición» del racismo, el militarismo y la pobreza.** Criticó abiertamente la guerra de Vietnam y el capitalismo, y llamó a una «revolución de valores» que transformara la sociedad estadounidense. King estaba cada vez más convencido de que la lucha por los derechos civiles no podía separarse de la lucha contra la pobreza y la explotación económica. En 1968, lanzó la Campaña de los Pobres, un movimiento que buscaba unir a personas de todas las razas en una lucha común contra la desigualdad económica. Quizás no sea una coincidencia que su asesinato llegara ese mismo año, cuando su discurso se volvió más radical. Se silenció a un líder que estaba desafiando no solo el racismo, sino también el sistema económico que lo sostenía.

Nelson Mandela, presentado hoy como un símbolo de la no-violencia, fue durante décadas un líder revolucionario que defendió la necesidad de la violencia para derribar el *apartheid*. Mandela y el Congreso Nacional Africano (ANC) no solo usaron la desobediencia civil. La teoría de los «cuatro pilares de lucha» incluía el boicot, la agitación social, la desobediencia civil y la lucha armada. El boicot no era un fin en sí mismo, sino una herramienta para crear las condiciones sociales necesarias para la agitación y la resistencia armada. La Campaña de Desafío de 1952 organizó actos masivos de desobediencia civil. Los militantes entraban en zonas segregadas, usaban baños públicos marcados como «solo para blancos» y se negaban a llevar la documentación que el Gobierno exigía a los negros para moverse por el país. Miles de personas fueron arrestadas, pero cada acto de desafío fue una bofetada simbólica al sistema al visibilizar la represión. La campaña organizó la rabia sentando las bases para lo que vendría después: la lucha armada. Mandela y el ANC entendieron que, en un sistema tan brutal como el *apartheid*, la desobediencia civil no era suficiente. Había que ir más allá. En 1960, Mandela fundó *Umkhonto we Sizwe* (La Lanza de la Nación), el brazo armado del ANC, que llevó a cabo sabotajes contra infraestructuras clave del régimen. **Hoy el relato histórico minimiza esta rabia organizada como un mal necesario, en lugar de una estrategia legítima y necesaria de liberación.**

La imagen de Mahatma Gandhi como un líder pacífico que logró la independencia de la India mediante la no violencia es una de las narrativas más poderosas de la historia moderna. Además de ocultar las facetas imperialistas, racistas y misóginas de Gandhi, **este relato personaliza un movimiento masivo que incluía a grupos armados, huelgas generales y levantamientos populares.** Ciertamente las campañas de desobediencia civil organizadas por Gandhi, como la Marcha de la Sal en 1930, desafiaron la autoridad colonial y movilizaron a millones de personas. Pero estas acciones no habrían tenido el mismo impacto sin la presión de grupos como el Samiti, una organización armada que paralelamente llevaba a cabo sabotajes y ataques contra las fuerzas británicas. O periodos de lucha armada como la rebelión de Telangana, una insurrección campesina que estalló en 1945 contra la élite feudal cómplice con el imperialismo británico. La potencia de los millones de personas movilizadas por Gandhi tomaba un tono mucho más amenazador en un contexto en el que, si eran reprimidas, podían sumarse a la lucha armada. La construcción de una narrativa de «no violencia» que ignora la conflictividad real ha servido para presentar la independencia de la India como un logro pacífico, cuando en realidad fue el resultado de una lucha compleja y multifacética. El Imperio británico, y luego el francés, prefirieron construir un relato en el que habían concedido magnánimamente las independencias, en lugar de reconocer que fueron obligados a hacerlo por la fuerza de la resistencia organizada.

Hasta ahora hemos tratado casos en los que se ha «pacificado» la representación de un conflicto, pero hay otros en los que era imposible llevar a cabo ese borrado. Encontramos un ejemplo en Kenia, donde la violencia de la lucha por la independencia del movimiento Mau Mau la hizo menos susceptible de ser domesticada por el relato colonial. Compuesto principalmente por miembros de la etnia kikuyu, llevó a cabo una campaña de guerrilla contra las fuerzas coloniales y los colonos blancos que se habían apoderado de las tierras de los kenianos. La respuesta británica fue brutal. Entre 1952 y 1960, más de cien mil kikuyu fueron detenidos en campos de concentración, donde sufrieron torturas, trabajos forzados y ejecuciones sumarias. Se estima que decenas de miles de kikuyus fueron masacrados durante la represión, pero **su obstinada resistencia hizo imposible la continuación del proyecto colonial.** Desde que Kenia obtuvo su independencia en 1963, el legado de los Mau Mau ha sido sistemáticamente borrado e ignorado. Los británicos los presentaron como «bárbaros» y «terroristas», despreciando una lucha legítima que respondía a décadas de opresión y expropiación.

Quizás los dos mejores ejemplos de deslegitimación histórica de una lucha contra instituciones opresivas son dos revoluciones coetáneas: la Revolución francesa y la Revolución haitiana. La rabia de los *sans-culottes* en Francia, que se levantaron contra siglos de explotación y desigualdad y consiguieron abolir el feudalismo, se nos presenta como un periodo de enajenación irracional, de barbarie. Del mismo modo, la Revolución haitiana, la primera y única revolución de esclavos exitosa, ha sido despreciada como un estallido de violencia caótica que victimiza a los colonos esclavistas. Los esclavos haitianos no solo lucharon por su libertad; desafiaron el orden mundial colonial y establecieron la primera república negra del mundo gracias a una lucha organizada y estratégica contra un sistema violentamente impuesto de esclavitud y colonialismo.

Siempre nos han explicado ambas revoluciones como periodos bestiales protagonizados por el resentimiento y una sed de sangre y venganza insaciable. Periodos que se describen como momentos puntuales de caos que interrumpieron violentamente la paz social. **Pero la normalidad nunca es pacífica. Todo sistema de dominación se sostiene con violencia.** Hoy lo vemos en los desahucios, en las fronteras, en la depredación del sur global. La rabia, cuando viene de los oprimidos, no es vista como una herramienta de liberación sino como una amenaza al orden establecido, racional y civilizado. El relato histórico no solo borra y pacifica los conflictos cuando puede y los deslegitima cuando no, sino que se asegura de asociar la rabia con lo irracional, lo incivilizado y lo salvaje.

La rabia es irracional, incivilizada, salvaje

Dado que son las personas oprimidas las que tienen mayores motivos para estar enfadadas, excluir la rabia de la esfera pública es una racionalización eficaz para excluir a quienes más amenazan el orden social imperante.

Amia Srinivasan, *The Aptness of Anger,* 2017

La modernidad nos legó una dicotomía que aún hoy nos persigue: la razón frente a la emoción, la civilización contra la barbarie. Desde la Ilustración, Occidente se ha empeñado en construir un mundo donde la razón es sinónimo de progreso, mientras que las emociones son vistas como un lastre, un vestigio de nuestro pasado «salvaje». Esta división no es inocente. Se ha utilizado para justificar la dominación en el proyecto colonial pero también para el control patriarcal o la exclusión de quienes no servían para el trabajo asalariado, dictaminando que no encajan en el molde de la «racionalidad» burguesa.

La rabia, en particular, ha sido históricamente estigmatizada. Se la considera una emoción descontrolada, irracional, peligrosa. **Pero la rabia se vive y se interpreta de manera diferente dependiendo de quién la exprese.** El hombre blanco, en su supuesta superioridad racional, puede permitirse momentos de «descontrol» emocional (un arrebato de ira en el trabajo, un grito en la calle) sin que se cuestione su humanidad. Su rabia, cuando aparece, es vista como un momento de debilidad, un lapsus en su racionalidad, pero nunca como una amenaza a su esencia humana. Es más, su rabia puede ser incluso romantizada como un signo de pasión y determinación o incluso de protección ante una amenaza contra el grupo. En la narrativa occidental, el hombre blanco es el portador de la razón, el civilizador, el que trae orden al caos.

En cambio, la rabia del hombre negro ha sido sistemáticamente asociada a la violencia y a su supuesto salvajismo. Desde los tiempos de la esclavitud, la ira de los hombres negros se ha interpretado como una prueba de su «naturaleza violenta». Esta narrativa fundamentaba instituciones jerárquicas como la esclavitud, el colonialismo o el *apartheid*. Hoy sigue sirviendo para criminalizar cualquier expresión de descontento, justificando toda violencia contra sus cuerpos. En el imaginario colonial, todos los pueblos no europeos eran «salvajes», «bárbaros» y «primitivos» que necesitaban ser civilizados mediante la imposición paternalista de un Gobierno occidental racional. La resistencia de los colonizados a ese «orden racional» no era vista como una respuesta legítima a la explotación, sino como un síntoma de su «salvajismo», una prueba más de su supuesta inferioridad.

La rabia femenina también ha sido históricamente deslegitimada. Si en la modernidad el hombre fue asociado a la razón, a lo público, a la producción, la mujer quedó relegada al ámbito emocional, a lo doméstico, a la reproducción. Esta división no solo limitó el papel de la mujer en la sociedad, sino que también patologizó sus emociones. En el siglo xix, los médicos convirtieron cualquier desafío femenino al orden establecido en un diagnóstico: la histeria. Si una mujer se enfadaba, era «histérica»; si reclamaba derechos, «histérica»; si no sentía deseo por su marido, «histérica». Esta patologización en base a su «esencia emocional» las excluía de la racionalidad y, a su vez, ocultaba los aspectos emocionales del pensamiento y la razón patriarcal.

Está demostrado que los tribunales son más benévolos con mujeres que lloran que con aquellas que expresan rabia. ¿Por qué? Porque la rabia de las mujeres genera rechazo, mientras que su llanto provoca condescendencia. Refuerza los estereotipos de género, especialmente si es blanca: la mujer vulnerable y frágil, la víctima pasiva. Ante un conflicto, puede ser más seguro para una mujer manifestar su tristeza que su rabia. Y al igual que la presión social alecciona a las mujeres que consiguen más con el llanto que con el grito, a los sujetos racializados se les empuja a la frialdad al castigar toda expresión emocional como un exceso animalesco.

La rabia no solo está racializada y generizada sino que, como suele ocurrir, estas categorías se entrelazan de maneras complejas. La figura de la mujer negra ocupa un lugar especialmente complejo en este entramado. Mientras que la rabia de la mujer blanca puede ser patologizada como histeria o locura, la de la mujer negra es criminalizada. Su rabia era leída como una prueba de su naturaleza indómita, algo que formaba parte de su esencia y que, por tanto, requería ser sometida. Esto pervive hoy en la manera en que se despliega una tensión en la forma de interpretar a las mujeres negras: sujetos infantiles y sin agencia, pero a la vez poderosos y amenazantes. Esta doble vara de medir no es casual. Sirve para mantener a las mujeres negras en una posición de subordinación. Si expresan rabia, se las considera hostiles o insumisas; si la reprimen, se las acusa de ser frías o distantes. En cualquier caso, su humanidad es puesta en duda. Se trata de una herencia de las lógicas esclavistas en las que las mujeres negras se consideraban bestias incapaces de las emociones propias de la «buena» feminidad blanca (la docilidad, la sumisión, la modestia).

Otra víctima de la razón moderna es el sujeto percibido como loco. Si la rabia es peligrosa, ¿qué mejor manera de controlarla que medicalizarla? Desde el siglo XIX, la psiquiatría ha jugado un papel clave en la represión de la ira. Como señaló Michel Foucault, los manicomios no eran solo lugares para encerrar a los «locos»; eran instituciones diseñadas para reconducir a aquellos que se desviaban de las normas sociales hacia lógicas productivistas. Y la rabia, por supuesto, era una de esas desviaciones. Hoy en día, su psiquiatrización perdura.

El DSM-5, el manual de diagnóstico psiquiátrico, incluye categorías como el «trastorno límite de personalidad», que se utiliza como cajón de sastre para cualquier persona cuyos «síntomas» no encajan en los cánones de la disciplina, justificando su medicalización. EL TLP a menudo se diagnostica a mujeres víctimas de violencia sexual. ¿El síntoma principal? La ira «inapropiada». Pero, ¿quién decide qué es apropiado y qué no? ¿Bajo qué criterios se determina que la rabia es un «trastorno» y no una respuesta legítima a la injusticia? La rabia es peligrosa no porque sea irracional sino porque desafía el orden establecido y, por tanto, amenaza los criterios de productividad y control. **En un mundo donde el trabajo asalariado es la base económica y social, cualquier emoción que interfiera con la productividad**

debe ser eliminada. Así, la psiquiatría se convierte en una herramienta más de control social, una manera de silenciar a quienes se atreven a enfadarse.

El psiquiatra y filósofo martiniqués Frantz Fanon estudió la psicología de los colonos y los colonizados y argumentó que la rabia de los últimos contra el imperialismo y sus responsables no solo era legítima sino necesaria. La violencia del colonizado contra el colono era un paso imprescindible para aliviar los sentimientos de inferioridad y de rabia acumulada que provocaban las estructuras coloniales. Levantarse contra el sometimiento y romper con los límites psicológicos impuestos por el régimen de dominio colonial dan a luz a un «hombre nuevo», que para Fanon representa el nuevo estado mental y cultural de un pueblo liberado.

Las revueltas de junio de 2025 en Los Ángeles contra el Servicio de Control de Inmigración y Aduanas de los Estados Unidos (ICE) reflejan las ideas de Fanon. La comunidad migrante de los Estados Unidos lleva años sufriendo ataques una legislatura tras otra. Ambos partidos refuerzan la infraestructura y la violencia en las fronteras, llegan incluso a esterilizar a mujeres migrantes y a enjaular a niños. Donald Trump ha inaugurado su segunda legislatura retirándole el permiso de residencia a más de 500 000 residentes cuya migración había aprobado el Gobierno de Joe Biden. Desde entonces, el ICE ha recrudecido sus métodos, deportando ilegalmente a migrantes para encerrarlos en cárceles inhumanas en El Salvador. Como respuesta, en los barrios de clase trabajadora de Los Ángeles han surgido varias iniciativas populares entre asociaciones de barrio y organizaciones políticas para combatir las deportaciones.

Tras meses de tensión, una violenta operación del ICE fue la gota que colmó el vaso. Las protestas vecinales contra ella pronto escalaron hasta convertirse en una revuelta cargada de rabia en la que los disturbios, barricadas y ataques incendiarios contra las fuerzas de seguridad obligaron al ICE y la policía a retirarse. Los manifestantes que participaron en las revueltas, la mayoría racializados, no solo necesitaban protegerse de la violencia del ICE sino confrontar el clima de miedo y sumisión. El proletariado migrante no es una masa irracional (como retratan los medios), ni una masa desvalida a merced del fascismo (como conciben algunas izquierdas). Son personas que han pasado por mil dificultades para migrar y que, ante el giro reaccionario del Estado, no irán como corderos al matadero. **En una época en la que el fascismo se ensaña con el migrante, el antifascismo se encarna en el migrante.** Ejemplos como esta revuelta, organizada por colectivos expresamente antirracistas junto con otras asociaciones, sindicatos y grupos anticapitalistas, nos muestran que el camino es el frente amplio.

La rabia, lejos de ser un estallido irracional o un mero descontrol emocional, es una respuesta profundamente racional a las injusticias y opresiones que vivimos. De hecho, no es siempre una emoción instantánea, también puede aflorar más tarde cuando, al revisar lo ocurrido, procesamos que fue injusto. **La rabia es una emoción que surge de una evaluación consciente o de una percepción inconsciente de que algo está mal, de que se ha traspasado un límite, de que se ha cometido una injusticia.** Es, en esencia, una reacción evaluativa ante un mundo que nos falla. Es una respuesta biológica y psicológica que nos prepara para actuar, para defendernos, para cambiar aquello que nos está dañando. La rabia puede ser tan racional como instintiva, similar a responder a la percepción de un dolor físico: si te quemas, retiras la mano; si te hieren moralmente, la rabia te impulsa a protegerte. La verdadera irracionalidad es aceptar la opresión en silencio.

La devaluación de la rabia

Nos enfada la injusticia de que se nos escuche como si fuera el enfado lo que nos motiva. Como si estuviéramos en contra de X porque estamos enfadadas, en vez de entender que estamos enfadadas porque estamos en contra de X.
Sara Ahmed, *La promesa de la felicidad*, 2019

Cuando se filtró el vídeo del policía francés que mató de un tiro a Nahel Merzouk, un adolescente franco-argelino de 17 años, quedó demostrado que el policía mentía. No había corrido ningún riesgo. Las redes ardieron. Horas más tarde, las calles ardieron. Ese junio de 2023, los hijos de migrantes magrebíes y subsaharianos se rebelaron ante una sociedad racista que los excluye y deshumaniza quemando coches y comisarías de policía. El condescendiente discurso de los grandes medios era el de aceptar que quizás había un problema mientras condenaban las formas de la protesta. Resaltaron que también habían ardido otros edificios públicos como escuelas y bibliotecas, algo «ignorante e incivilizado». Les acusaban de no hacer ningún esfuerzo para integrarse, de «quemar lo que construimos para ellos» y de ser pobres porque se automarginan. Les atribuyeron un estado de «*ensauvagement*» («asalvajamiento»), perpetuando así el discurso racista de que, en el fondo, siguen siendo esencialmente salvajes.

Al igual que el racismo ya no se viste de ciencia, la misoginia ha abandonado el diagnóstico de histeria pero sigue usando las palabras «histérica», «loca» o «desequilibrada» para descalificar a aquellas mujeres enfadadas a las que no se quiere escuchar. Nuestra cultura anima a que el mensaje que quiere transmitir la mujer enfadada sea ignorado o ridiculizado mediante bromas maliciosas que la atacan personalmente, tachándola de loca, fea o movida por agravios personales y sed de venganza. Si el enfado femenino responde a una actitud machista normalizada, como podría ser un micromachismo, en ocasiones se reconocerá que ese acto concreto estuvo mal mientras se minimiza su impacto y relevancia y se condenan «las formas» de la mujer como «exageradas». **Este desprecio relativiza los efectos de la violencia y la opresión común sostenidas en el tiempo.**

La devaluación de la rabia ocurre también en el trabajo. En un sistema meritocrático que glorifica el esfuerzo individual, cualquier queja o reivindicación laboral es inmediatamente interpretada como escaqueo o vaguería. Si te quejas de jornadas interminables, de salarios de miseria o de condiciones precarias, no estás señalando un problema estructural; estás demostrando que «no quieres trabajar». Esta lógica perversa minimiza las demandas justas y convierte la rabia en un síntoma de falta de ambición o pereza. El sistema no solo explota, sino que también silencia. En el mundo meritocrático, enfadarse es de vagos, y luchar por tus derechos, un acto de ingratitud.

Algo similar está ocurriendo en una de las principales arenas políticas del momento, la vivienda y el conflicto inquilina-rentista. Cuando los *millennials* y la generación Z levantamos la voz contra los alquileres abusivos y los desahucios, se nos infantiliza calificándonos como «malcriados», «impacientes» o como «generación de cristal». La narrativa impulsada por los rentistas y sus aliados quieren hacernos creer que el problema no es la especulación inmobiliaria, sino la supuesta incapacidad cultural de los jóvenes para «esforzarse lo suficiente». Ponen el foco en el supuesto consumo de los jóvenes de caprichos como aguacates o Netflix, lo que invisibiliza que la crisis de la vivienda es transversal y afecta a trabajadores de todas las edades. Cuando en 2022 un joven se quejó en el plató de *laSexta Xplica* de que pagaba 624 euros al mes por un piso de 25m² en Barcelona, el tertuliano economista Gonzalo Bernardos le espetó que se mudara a una ciudad de la periferia y que era «muy cómodo» por querer «ir caminando al trabajo»: «Eso es un lujo, eh. Oye, no nos quejemos».

La devaluación de la rabia boicotea la comunicación, obstaculizando la emisión y la recepción. Cuando el oprimido percibe que su testimonio es sistemáticamente obstruido puede dejar de expresarse, bien sea porque pierde la esperanza de que hacerlo tenga impacto alguno o porque la falta de recepción le haga dudar de sí mismo. Estos marcos resultan desmovilizadores y atomizantes porque imposibilitan alianzas amplias entre subjetividades que, en un sentido figurado y literal, no pueden entenderse. Acusar al otro de «perder la razón» por «perder los papeles» pone más el foco en los modales y el decoro burgués del cómo presentar las cosas que en la veracidad del contenido, además de obviar que la rabia es la emoción en la que late o toma forma una verdad concreta. Cuando la ira y la queja no se comprenden como demandas de solidaridad, sino como momentos puntuales de enajenación o descontento, se nos exige que nos «calmemos». Irónicamente, estas actitudes, centradas en escrutar las emociones de quien comparte su testimonio en lugar de su contenido, generan aún más enfado en quien ya tiene motivos para la rabia.

Denostar las emociones del otro degrada nuestra capacidad de comunicación. Así se acentúa un extrañamiento que hace sentir a quien denuncia su opresión que solo cava su propia tumba. Supone una advertencia para quien recibe el «cálmate, no seas una histérica» y también alecciona sobre cómo comportarse al resto de testigos de ese disciplinamiento. De este modo se sostiene una cultura en la que no reflexionamos a partir de nuestros sentimientos de rabia, sino que se reducen a momentos concretos y efímeros de furia sobre los que resulta difícil construir. **Perder la capacidad de poner en común aquello que nos ocurre inhabilita la chispa necesaria para transitar de lo personal a lo político.**

La rabia que deja de seguir los caminos estrechos de la queja personal, que se vincula con otras afectadas, crece hasta convertirse en un río caudaloso que podría arrastrarlo todo. Para contenerlo, se despliegan los mecanismos ideológico-discursivos del sistema que representan la rabia colectiva como muchedumbres enfurecidas, donde los individuos y su racionalidad se disuelven en una masa animalizada. Este imaginario fue desarrollado por filósofos conservadores para desprestigiar la Revolución francesa, retorciendo en una explicación psicológica una rabia que provenía de la injusticia y miseria que sufría el pueblo francés. Hoy en día estas ideas impregnan algunos discursos ilustrados sobre las redes sociales: la «cultura de la cancelación» o «el virus *woke*» sigue esta idea de la turba enfurecida e irracional, del contagio emocional. Hoy la imaginería (memética) dibuja retratos satíricos de los sujetos supuestamente calcados entre sí que compondrían estas masas quejicosas. La propia intención de homogeneizarlos en unos pocos elementos fundamentales, de simplificar la diversidad de un grupo, alimenta la imagen de la masa.

Un claro ejemplo sería el de los jóvenes migrantes magrebís, deshumanizados por los medios con el término MENAs. En una negación del racismo de los medios, la *fachoesfera* española denuncia que las noticias ocultan la procedencia (migrante y probablemente magrebí) de los delincuentes con la locución «un joven roba/agrede/viola...». Por ello, han creado el meme del *jovenlandés:* retratado como amenaza y parásito social, se le asocia a la delincuencia y la violencia, la holgazanería *(vive de paguitas)* y al machismo hipersexual y depredador, en ocasiones fanático religioso pero siempre incivilizado y sucio. Este es el tipo de imaginario, compartido a escala europea, que se usó para devaluar las protestas por el asesinato policial de Nahel.

Otro ejemplo sería el de las feministas de mediana edad, caricaturizadas en España como *Charos:* mujeres feas, alejadas de los cánones tradicionales (pelo teñido, cuerpos no normativos, gesto fruncido) incoherentes, rabiosas e irracionales. Estos retratos, desde los que se devalúa el enfado del enemigo, no son solo propios de la derecha. De hecho, existe un meme de la izquierda estadounidense que precede e informa al de la *Charo:* la *Karen,* una mujer blanca de mediana edad, de clase media o alta, percibida como privilegiada, creída, exigente, autoritaria y quejica, además de posiblemente hipócrita, racista y conspiranoica. Aunque originalmente surgió para denunciar dinámicas de hostigamiento racistas, ha sido reapropiado por la derecha y ya se usa para estigmatizar como irritante a cualquier mujer que exprese descontento. Hay otro caso de retrato satírico, acuñado y usado por la izquierda española, que personalmente me parece muy contraproducente: el *fachapobre*.

«No hay nada más tonto que un obrero de derechas» es un dicho de cierto izquierdismo que encapsula la esencia condescendiente de la caracterización del *fachapobre*. La contradicción de que un explotado defienda los intereses de sus explotadores se explicaría por una deficiencia intelectual. Reírse de quienes votan en contra de sus propios intereses puede ser catártico para algunos, porque refuerza la identidad de grupo mediante un sentimiento de superioridad. Pero esta burla elitista solo externaliza la responsabilidad, evitando cualquier atisbo de autocrítica de una izquierda que ha sido incapaz de ofrecerles un horizonte creíble al que aferrarse. Que gente de clase trabajadora sea facha es una derrota. Como trabajadores explotados y como humanos en medio de una crisis climática, deberían ser nuestros aliados. Tenemos que aspirar a convencer al máximo de ellos, no alienarlos más con burlas.

La categoría de *fachapobres* los esencializa como tontos reaccionarios, lo que puede empujar a indecisos hacia la derecha al reforzar la imagen de la izquierda como un club cerrado, reservado para soberbios que consideran que han «despertado» gracias a su tremenda conciencia crítica. La derecha, en cambio, ha sabido canalizar su rabia: les ha dado un enemigo claro (el feminismo, la inmigración, la izquierda «progre») y un discurso identitario en el que se reconocen. Su rabia puede estar tomando la forma reaccionaria que moldea la derecha, pero emana del mismo contexto de crisis que nos atraviesa a todas. La pregunta que deberíamos hacernos no es por qué estas personas no ven las contradicciones de su posición (como si no supiéramos que este sistema es una gran máquina de propaganda mediática, algorítmica e ideológica), sino por qué hemos sido incapaces de atraerles con un proyecto mejor para ellos. **En lugar de reírnos deberíamos preguntarnos qué fallos en nuestra comunicación, práctica y estrategia han permitido que la derecha capture su descontento mejor que nosotros.** Me exaspera el término *fachapobre* porque no me hace gracia otro síntoma de nuestro estado de derrota histórica. No me hace gracia una antagonización inútil que abandona la disputa por darle sentido a la legítima rabia de una clase obrera empapada de incertidumbre por un sistema en crisis permanente.

La clase obrera siempre ha sido devaluada con los mismos argumentos infantilizadores que se usan contra las mujeres y los pueblos colonizados: «son irracionales», «no saben lo que quieren», «no pueden tomar decisiones por sí solos». **Romper con la devaluación de la rabia no solo requiere de un cambio de la percepción individual de la misma, sino también de la actitud con la que la escuchamos.** Incluso cuando no la entendamos de primeras o percibamos que parte de unas premisas que no compartimos o despreciamos, la empatía debe ayudarnos a comprender por qué tal cosa genera miedo, rabia o sensación de amenaza al otro. Para construir un frente amplio, necesitamos escucharnos los unos a los otros y aunar las no tan divergentes quejas compartidas por diferentes grupos. Encontrar los mimbres comunes desde los que tejer una rabia bien dirigida a la raíz de nuestros problemas: el sistema capitalista.

La terapeutización de la rabia

¿Hay sentimientos de rabia, de temor o de ira? Procura ser
tu propio terapeuta y ve avanzando en el diagnóstico. (...)
Esa frialdad y rabia es un veneno que se apodera de ti.
Marian Rojas Estapé, *Encuentra tu persona*
***vitamina,* 2021**

En los psiquiátricos se encierra y anestesia a todas
aquellas personas cuya conducta perturba la paz social.
En su mayoría son pacientes de clase trabajadora que no
pueden o no quieren adaptarse a los ritmos y formas del
trabajo asalariado. Los diagnósticos psiquiátricos se basan
en descripciones de síntomas que, a menudo, incluyen la
rabia y el desafío a la autoridad. Eso sí, a los ricos sí se les
permite la «excentricidad», que incluso a veces se interpreta como genialidad.

Pero los sujetos psiquiatrizados no son los únicos
anestesiados e infantilizados. Hoy la psiquiatrización se
extiende por todas las capas de la sociedad en una versión rebajada y empática. ¿Sufres depresión? Tómate un
Prozac. ¿Ansiedad? Aquí tienes un Xanax. ¿Odias a tu
jefe? Quizás padeces «trastorno límite de la personalidad». El control biopolítico no opera con grilletes, sino
con diagnósticos y pastillas. Estos fenómenos no deben

analizarse solo en términos clínicos, ya que no son desviaciones del sistema, sino secuelas producidas por el orden neoliberal: aislamiento, pérdida de comunidad, vigilancia constante, precariedad económica. **La cultura psiquiátrica convierte malestares colectivos en patologías individuales.**

En las últimas décadas, uno de los marcos ideológicos más insidiosos de la clase dominante es el de la responsabilización del individuo. Con la conquista del sentido común por parte del realismo capitalista, el capitalismo se presenta como el único sistema económico viable y cualquier alternativa como imposible e impensable. Por ello, la existencia de estructuras sociales que provocan desigualdad y pobreza queda invisibilizada o, como mucho, naturalizada. Si esas estructuras no existen o son tan naturales e incuestionables como la gravedad, el éxito o fracaso individual se deberá necesariamente al esfuerzo y capacidad del individuo. Así nos responsabilizamos y culpamos a título personal de nuestra precariedad, falta de oportunidades o desempleo. Lo mismo ocurre con los sentimientos que emergen con todo ello.

Al despojarla de su contexto social, la rabia se reinterpreta como un fracaso individual: un desborde emocional, un trastorno psicológico o incluso una conducta antisocial con potencial violento. Pero la rabia es una señal de que habitamos un sistema que nos hiere y amenaza. No son problemas individuales de ira, son una reacción legítima ante unas circunstancias que nos exigen actuar. Malestares que el capitalismo gestiona como conflictos privados, ajustándose a parámetros de «salud mental». **Así, la rabia se vigila, se aísla, se modera, se individualiza, se diagnostica y en muchos casos, se medica.**

Cuando sentimos rabia pero no la podemos externalizar, o cuando al hacerlo se ignora o se castiga, es posible que la canalicemos hacia adentro poniendo el foco en nosotros mismos. Dudas de ti, de tu percepción de la realidad, cedes ante la narrativa imperante. Te autoexaminas para intentar encajar, resolver aquello que te hace fallar. Si no lo consigues (porque en realidad se trata de algo estructural) la decepción puede hacer emerger tristeza. El resultado es una torsión emocional: la indignación, al no encontrar salida, se pudre en el cuerpo. La depresión, mucho menos peligrosa para el sistema, puede ser una secuela de la rabia no escuchada e individualizada. El supuesto autocontrol (domar la rabia para encajar) muta la frustración colectiva en resignación íntima: una tristeza estéril que, irónicamente, el sistema vuelve a medicalizar.

El autocontrol es un precepto de la cultura del autocuidado, fundamental en los nuevos discursos de salud mental. Parten de una perspectiva liberal universalista, por lo que se aproximan a las emociones desde una neutralidad impostada que ignora las relaciones de dominación. Ello no solo impide abarcar correctamente los malestares, sino que invisibiliza sus prácticas atravesadas por relaciones de poder. Al psicologizar la rabia, se borra su origen colectivo y sus raíces en la clase, la raza, el género. Te dicen «prioriza tu salud mental», una perspectiva individualista centrada en hacernos sentir mejor a nivel personal que pocas veces implica una gestión colectiva del malestar. Ante cualquier problema prioriza cómo te sientes tú respecto a ello y nos dota de herramientas para no abrumarnos. Pero si bien se nos insta a «hablar de nuestros sentimientos», a «romper el estigma», ciertas emociones rara vez son validadas.

La rabia normalmente es clasificada como tóxica. Eso sí, la (tóxica) rabia de los hombres no se evalúa en cuanto a si es una respuesta adecuada sino por su intensidad y explosividad, mientras que la de las mujeres no se suele admitir como válida. Si bien algunos discursos terapéuticos sí que articulan la rabia como saludable, suele enfocarse como positiva en cuanto breve, catártica, purgante, rara vez como una rabia sostenida. ¿Qué tipo de productos se están poniendo de moda para gestionar la rabia? Por ejemplo, las *rage rooms* o habitaciones de la rabia, en las que puedes arrasar a martillazos con todo y volver a tu vida «perfectamente normal». Una actividad más en el catálogo de las experiencias de consumo que nos ofrece hoy el capitalismo.

La terapia es para muchas personas un recurso fundamental que les permite encontrar alivio a sus dolores y malestares psicológicos, y supone a menudo una mejora sustancial de su calidad de vida y su forma de relacionarse. Sin embargo, también puede suponer cierto *gaslighting* o luz de gas: «¿Qué hay realmente detrás de tu ansiedad?», preguntan algunos terapeutas, como si la crisis climática, las guerras y genocidios o el precio de la vivienda fueran meras proyecciones de tu mente. La *saludmentalización* es la versión neoliberal del confesionario en el que vuelcas tus preocupaciones como forma de purgarlas. El *mindfulness* y el yoga, promocionados como soluciones universales, son la cara amable de esta dinámica: te enseñan a meditar mientras tu jefe te explota, a «gestionar el estrés» mientras el alquiler te ahoga. Tu rabia debe ser (auto) controlada, ya que genera inestabilidad y úlceras, pero los ejercicios de respiración no paran desahucios ni bajan el precio de la comida. Te dicen que el problema eres tú, es tu rabia sostenida en el tiempo, es que no sabes soltar, dejar ir, fluir. **La cultura terapéutica denomina sanar a adaptarnos a un mundo enfermo.** La industria del bienestar emocional tiene dos velocidades. Para quienes pueden asumir 80 euros por sesión existe la terapia privada, donde aprender a «gestionar» las emociones sin confrontar sus causas estructurales. Una solución privativa en los márgenes de lo individual. Para el resto, está la psiquiatría pública: consultas de diez minutos, listas de espera interminables y recetas a granel de pastillas. España es el tercer país de la UE que más tranquilizantes consume y el uso de antidepresivos se ha duplicado en las últimas dos décadas. Un 10,7 % de los españoles necesita sedarse para conciliar el sueño. En los barrios obreros, los centros de salud reparten benzodiacepinas como caramelos. Todo un arsenal químico para mantenernos productivas en un sistema en crisis permanente.

En lo rural, donde también se empastilla con facilidad y sobre todo a las personas de tercera edad, se les medica a ellas antes que a ellos. Para los ancianos llega más tarde, precisamente cuando la fragilidad propia de envejecer les coloca en una condición feminizada. A las madres solteras el Estado les ofrece con mayor rapidez y facilidad antidepresivos que guarderías públicas. Exhaustas por jornadas laborales interminables y salarios de miseria, su cansancio no se interpreta como consecuencia de un sistema explotador, sino como «desórdenes hormonales». La injusticia estructural se reduce a un desequilibrio químico, los recortes del estado del bienestar se suplen con pastillas. Es un negocio redondo para la industria farmacológica y también para el Estado, ya que no solo le sale más barato: un ciudadano sedado no grita, no se sindicaliza, no ocupa las plazas. Y así, la lucha de clases se disipa en pautas de ejercicios de respiración y ansiolíticos.

La solución no es rechazar la salud mental, sino politizarla. Construir redes de apoyo mutuo donde la rabia no se patologice, sino que se visibilice, colectivice y organice. Las revueltas que cambiaron el mundo nacieron de emociones incómodas. El sistema quiere que nos calmemos. Que nos mediquemos. Pero el tiempo que dedicamos a buscar soluciones individuales es tiempo que no dedicamos a rebelarnos contra esta normalidad violenta. Nosotras tenemos otra receta: organizarnos. Si la rabia es un trastorno, entonces el mundo necesita más locas.

La izquierda de las emociones positivas

Yo defiendo la política de los afectos, no del odio. Un odio inoculado por arriba. No son muchos los generadores de odio pero hacen un enorme ruido. Frente a esta política del odio hay una política del amor y los afectos.
Yolanda Díaz, mayo de 2024

Hay una izquierda que reivindica las emociones positivas como una respuesta efectiva a la extrema derecha porque nos reconcilia, poniendo el acento en lo que compartimos y no en una lógica de «ellos contra nosotros». El amor se presenta como el antídoto para aquellos que sienten odio y son incapaces de empatizar con los demás. La derecha, por tanto, sería una fuerza que siembra la división social, la desconfianza hacia las instituciones, el odio inoculado por arriba. La respuesta contra ellos es *la buena política,* una actitud «pragmática» que confían que devolverá la esperanza a un electorado desilusionado. Un proyecto político que puede recordar al discurso de reconciliación nacional de la Transición española, que también estaba basado en la idea del acuerdo y la paz social.

Esto ya presenta una limitación clara. **Las divisiones sociales no son una creación de la derecha sino un hecho patente del sistema capitalista.** No podemos huir de ellas por voluntad. Cuando alguien dice «no veo el color de la piel» es un (auto)engaño. Solidarizarse con las personas racializadas comienza precisamente con el acto de reconocer que sí existe la raza en cuanto constructo social para la segregación y devaluación con efectos materiales sobre la vida de quien lo sufre. Entonces, ¿cuál es exactamente el acuerdo y la paz social que propone esta izquierda? La armonización de los intereses de los de arriba con los de abajo. Un ejercicio imposible, porque limar las asperezas no elimina ni la vulnerabilidad, ni la precariedad, ni la explotación estructural de los de abajo. Y ningún proyecto de aliviar las diferencias, por útil que pueda ser bajo determinadas circunstancias, elimina esta verdad.

Por lo que estas desigualdades no son el producto del odio a título individual o una mala predisposición de algunos individuos. Son procesos políticos que cumplen un papel fundamental dentro del sistema capitalista. Procesos que tienen un efecto claro en cómo se comportan entre sí los sujetos que, si bien perjudicados por el sistema, incurren a su vez en la reproducción de la deshumanización, la exclusión y la violencia. A la izquierda de las emociones positivas no le falta razón al señalar que el amor es una fuerza poderosa porque nos puede inspirar a tirar abajo esas barreras que nos dividen, a crear otra cultura política. Y al igual que argumento en contra de vilificar la rabia, tampoco se deben desdeñar otras emociones como el amor, la ternura, la esperanza o la alegría, que inspiran nuestro horizonte político y nos sostienen en el ahora. Pero, he aquí la clave, ¿dónde y cómo el amor y la rabia?

El amor entre los perjudicados por el sistema nos ayuda a ilusionarnos con un proyecto de vida que ya no esté atravesado por la explotación y la opresión. Ese proyecto nos recuerda que ese futuro nos interesa a todos, por distintos que sean nuestros puntos de partida. Que si bien los dolores toman distinta forma compartimos una vulnerabilidad radicalmente humana. Que nuestras fuerzas disgregadas no pueden combatir por su cuenta opresiones íntimamente ligadas entre sí. Pero ese proyecto no existe en el vacío. Tiene amigos y enemigos claros. Enemigos que trabajan constantemente para desmantelar cualquier posibilidad, por pequeña que sea, de hacer realidad ese mundo. El amor hacia otro mundo posible, la empatía hacia la opresión de nuestros iguales puede, precisamente, despertar de una rabia legítima y políticamente fértil. Porque sí, somos nosotros contra ellos y el acto de combatirles refuerza el amor y compromiso entre nosotras.

La izquierda de las emociones positivas llama a «no caer en el juego» de la extrema derecha. Vinculan necesariamente la rabia a la irracionalidad, a haberse dejado seducir por la extrema derecha, a dejarse llevar por las bajas pasiones. Esto desmerece el papel de la rabia en el feminismo combativo, antirracista y *queer* así como en la demanda histórica del feminismo: liberar a la feminidad del imperativo de cuidar y rebajar el conflicto. Necesitamos cuidados, por supuesto, pero para construir un movimiento fuerte y combativo capaz de liberar a las mujeres de cargarlos a sus espaldas. **Amor en la retaguardia, para dirigirse con toda la rabia ante quienes apuntalan este sistema de miseria y muerte.**

Ante los desahucios, no basta el amor y los afectos. Ante el auge del fascismo, no podemos poner la otra mejilla. Ante las dimensiones de la crisis ecosocial no alcanza con «mucho amor, síntesis y política». Discursos como los de Yolanda Díaz se acomodan en la comprensión infinita, la empatía y el amor y le ha concedido al fascismo el monopolio de la rabia. Ni la comprensión, ni la empatía, ni la cortesía hacia Amancio Ortega han frenado ni el avance de la reacción, ni el retroceso de nuestros derechos, ni el colapso climático. Nos prometieron asaltar los cielos y el asalto se ha quedado en un puñado de sonrisas y la posibilidad, cada vez más débil, de ser la muleta del PSOE.

Ni la rabia y la confrontación son necesariamente masculinas ni la infinita capacidad de ceder y conceder es el saber hacer de una buena política feminista. Cuando se desveló que su mano derecha y secretario de organización lideraba una red de corrupción, Pedro Sánchez declaró que «para mí es una enorme decepción. Yo no soy perfecto, tengo muchos defectos, como creer en la limpieza de la política». El principio de *poner los cuidados en el centro* no debería significar aceptar unas disculpas al estilo del rey emérito y su «me he equivocado y no volverá a ocurrir». La política del amor y los afectos no aprieta al PSOE, ya que tanta síntesis y conciliación se materializa en que no existan líneas rojas. Con una candidatura diseñada por y para los Gobiernos de coalición, lo que acaba en el centro es el cuidado de los intereses de la burguesía.

La ciudadanía tiene razones perfectamente legítimas para estar rabiosa hacia el Gobierno. La realidad es que las concesiones, con las que han pretendido salvar su coalición primero Podemos y después Sumar, tienen víctimas. La reforma laboral no protegió a quienes tienen que lidiar con la facilidad en el despido y la temporalidad del fijo-discontinuo. Conceder el aumento del presupuesto militar a expensas de los servicios públicos es ceder a la lógica de la competición y a los intereses del complejo industrial militar. Anunciar a bombo y platillo pactos contra los desahucios que no abordan el problema y que ni siquiera se cumplen es escupir sobre las personas que cada día expulsan de sus casas.

¿Cómo no sentir rabia cuando todavía se mantienen lazos comerciales y diplomáticos con Israel? ¿Cuando la tasa de feminicidios no baja? ¿Cuando condenan a las seis de La Suiza por convocar un piquete ante un caso de abuso? Quieren confrontar el odio con amor y afectos porque su proyecto político del pacto pragmático nunca trató de confrontar a la patronal. Si confunden la rabia con el odio es porque devalúan la decepción ante unas instituciones cada vez más insuficientes ante los desafíos del presente y contra una izquierda que no propone soluciones a la altura.

¿Inoculan el odio los de arriba, o son los de arriba los que saben canalizar la rabia ante la precariedad e incertidumbre que ha renunciado a disputar la izquierda? En vez de dar la espalda a la rabia, podemos disputarla y organizarla hacia el proyecto ambicioso, confrontativo y contundente que demandan las circunstancias actuales. Exactamente, ¿quién gana con el compromiso? No ganan los movimientos sociales, a los que el Gobierno progresista infiltra policías que se presentan como madres contra la represión. No gana la anciana a la que echan de su casa para montar un Airbnb. No gana la temporera que necesita la *Regularización Ya.*

Nos acusan de infantilismo cuando denunciamos todo esto teniendo enfrente, agazapado, el monstruo fascista. Esta es otra forma, junto con la negación de estas realidades y la rabia que provocan, de una indiscutible infantilización hacia quienes les critican. **Nadie quiere la victoria fascista, lo que impugnamos es la vía que nos presentan**

como la única para evitarlo. La impugnamos porque no creemos que el fascismo se apague con compromiso. La impugnamos porque no queremos parchear sino confrontar este sistema depredador, sostenido con la explotación de toda la clase trabajadora del mundo, que nos aboca a la guerra y al colapso de los ecosistemas.

Lo personal es vendible: de las riot grrrls al *Brat Summer*

España es la Taylor Swift de las economías europeas.

Pedro Sánchez, junio de 2024

El feminismo de la tercera ola se encendió con las voces rebeldes de todas aquellas mujeres que protagonizaron en Estados Unidos el movimiento Riot Grrrl, nacido de la escena musical punk. Un momento de explosión cultural que defendía el empoderamiento de las mujeres mediante la indignación, la oposición a la violencia de género y la expresión abierta de su deseo sexual. Respondía a un periodo de impás tras los anteriores avances en política institucional de las veteranas del feminismo estadounidense. Victorias como la Enmienda de Igualdad de Derechos de 1972, que prohibía explícitamente la discriminación de género, o la sentencia Roe vs. Wade de 1973, que despenalizaba el aborto por todo el país. Sin embargo, ¿hasta dónde habían llegado estos avances? Para muchas mujeres el aborto seguía siendo (y es hoy) un tabú difícil de costear. Las agresiones sexuales estaban al orden del día, a menudo en el centro de trabajo, donde las mujeres ocupaban los puestos más precarios. Cabe destacar que estos avances ni siquiera están grabados en piedra: en 2022 la Corte Suprema, repleta de jueces reaccionarios designados por Trump, anuló Roe vs. Wade. **El movimiento Riot Grrrls canalizó en los 90 la rabia de cientos de mujeres jóvenes hartas de los valores machistas de la modestia, que desconfiaban de un Estado incapaz de protegerlas y que deseaban alcanzar independencia económica y autonomía corporal.** Una rabia que los cauces legales, la política de la proposición de ley o la queja administrativa eran incapaces de recoger. Inspiradas por el flanco radical de la lucha por los derechos civiles y su lema *«Black Power»*, reclamaron un *«Girl Power»* rabioso y construyeron toda una economía subterránea de fanzines, chapas y conciertos. Su filosofía era el DIY *(Do It Yourself)* en la que se prioriza la iniciativa individual como método para empoderarse y reafirmar la identidad propia.

Su proyecto coincide en el tiempo con un cambio relevante en términos económicos. La mayoría de Estados occidentales habían exportado su industria al sur global. Se expandía la economía financiera y el sector servicios y, con ello, apareció una nueva demanda de trabajo asalariado que ofrecía un espacio que las mujeres de clase media (hasta entonces amas de casa) y sus hijas podían ocupar. Es aquí donde el discurso de las riot grrrls se superpone con el de la incorporación de la mujer al trabajo. ¿La incorporación de quién? Las mujeres de clase obrera siempre han dependido de su propio trabajo. **Los deseos de independencia económica articulados desde la rebeldía y la confrontación al Estado se convierten en la independencia alcanzada a través de explotarte en el**

trabajo, de ascender en la pirámide social, de apoyarse en la cultura del mérito y quizá incluso, ¿de convertirte en emprendedora?

Hay algo tan simbólico como ilustrativo en que el «*Girl Power*» de las riot grrrls pase, en pocos años acabe cooptado como lema de las Spice Girls, un grupo de mujeres, sí, pero diseñado por peces gordos de la industria musical. ¿Qué fue de la revolución sobre la que cantaban las riot grrrls? Las entradas del concierto de tus amigas sustituido por la celebración del consumismo, la rabia contra las instituciones transformada en ser una tiburona en el trabajo que compite por ese aumento como el resto de los compañeros. Es el paso de la riot grrrl a la *girl boss*.

Una mujer que ya no estaba dispuesta a conformarse con las migajas de la política institucional, pero también una que reaccionaba a ella desde una imaginación política centrada en la independencia y la individualidad. Una individualidad que, a menudo, se reafirma de forma consumista desde la euforia de género de las cosas de chica. **Hoy, la *girl boss* es «feminista» y publica en Instagram sobre sororidad,** pero el día del 8M te pide que no hagas huelga porque la mayor victoria de las mujeres es que mujeres como ellas hayan llegado tan lejos. Vaya, que limpies tú los cristales del techo de cristal. ¿Es Ana Botín feminista? ¿Es *Barbie* una película aliada? ¿Es *El programa de Ana Rosa* mi amiga? La *girl boss* conoce el lenguaje de la terapia. Si tienes rabia contra ella, no estás siendo sorora. Los cuidados están en el centro (de trabajo) para que la chica de recursos humanos gestione tu despido improcedente.

Este feminismo liberal se focaliza en los casos de éxito individual de algunas mujeres en una situación de excepcional privilegio y no en desmantelar las estructuras que oprimen a la mayoría de las mujeres. Su caricatura, la *girl boss,* consigue hacer pasar los peores rasgos del patriarcado (la dominación, la violencia, el individualismo, la explotación económica, la insolidaridad de clase, etc.) como victorias para las mujeres que por fin tienen lo que se merecen: **romper el famoso techo de cristal para explotar a otras mujeres por debajo de ellas en su empresa y en su casa.**

No pocas se creyeron el relato neoliberal de que el mérito recibe recompensa. Pero la crisis del 2008 hizo de aquellas promesas papel mojado. Madres solteras incapaces de cuidar de sus hijos, desahucios y despidos que en un abrir y cerrar de ojos te arrojaban al pozo del paro de larga duración. El ciclo de descontento con los indignados del 15M, la Plaza Síntagma en Grecia o el Occupy Wall Street se puede sintetizar como momentos de explosión de rabia de cuyo magma nacieron espacios para pensar qué hacer: si aprovechar el golpe para dar matarile al capitalismo o tomar las riendas del sistema para limpiar la corrupción y restaurar el estado de bienestar.

A las concentraciones y asambleas de barrio acudieron mujeres (y hombres) que llevaban años alejadas de la vida política. Y no solo aquellas mujeres profesionales de la tercera ola sino también jubiladas, paradas rondando los cincuenta años, migrantes en vías de regularización, etc. Para todas aquellas mujeres criticar aquel periodo de «libertad» y «progreso» pronto pasó también por reevaluar su posición como mujeres en todo aquello. Críticas que no pocas veces fueron mal recogidas, desplazadas y devaluadas por los propios compañeros de lucha, aumentando todavía más la rabia.

Esa rabia las animó a formar espacios no mixtos en los que poder llevar a cabo esas reflexiones y actuar políticamente sobre ellas. Un gesto de avance político que pedía buscar nuevos referentes, que animaba a revisar otra vez a figuras como Simone de Beauvoir o Angela Davis. De Ciudad Juárez nos llegaban (y llegan) ejemplos de insurrecciones populares contra las *epidemias de feminicidios*. Décadas de insurrecciones en las que ha latido el grito de indignación que acuñó Susana Chávez, «Ni una mujer menos, ni una muerta más» que inspiraría el «Ni una menos» argentino, otra serie de movilizaciones masivas en las que la rabia ha desembocado en un programa común. Ejemplos como este y otros como el papel de las mujeres y su organización insurreccional en los Caracoles de Buen Gobierno zapatistas o en los asentamientos liberados del Movimiento de Mujeres Sin Tierra inspiran al movimiento feminista español.

Estas experiencias pioneras de América Latina impulsan un *renacimiento* feminista a escala internacional que desemboca en el 8M. En España demostró una capacidad admirable de organizar la rabia desde abajo en asambleas barriales, estudiantiles, comisiones... Un movimiento que en 2018 confluiría en la histórica huelga de cuidados y en la Acampada Feminista, 80 días en los que se volvió a tomar la Puerta del Sol siete años después del 15M. Aquel mismo verano llegaría a la presidencia del Gobierno Pedro Sánchez con la presencia en su equipo de gobierno de Unidas Podemos e Irene Montero como ministra de Igualdad, que trajo hitos históricos como la Ley «Solo sí es sí», la Ley Trans y la baja laboral por menstruación dolorosa. Pero también nos ha traído desmovilización en las calles y pérdida de espacios de organización a pesar de que el auge del reaccionarismo, marcadamente misógino, vuelve a encender nuestra rabia.

El *renacimiento internacional del feminismo* ha puesto patas arriba al feminismo de tercera ola y ya no podemos volver a él. Y menos en esta economía. **Hoy muchas mujeres desconfían a partes iguales de todo lo que les recuerda al feminismo de tercera ola pero también de las formas que tomó un remedio insatisfactorio para todo ello.** A la vez, si bien podemos debatir si el feminismo está o no de moda, es indiscutible que existe una moda feminista, es decir, sí existe un conjunto de productos que pretende acercarte a un estilo de vida «feminista» sin un impacto político más allá del sentimiento de pertenencia a una comunidad difusa. Esto explicita el grado de victoria cultural feminista que el mercado (como siempre hace) ha tratado de capitalizar.

Así, nos encontramos en un contexto donde el feminismo ha logrado recientemente grandes victorias, pero se enfrenta a un auge reaccionario esencialmente antifeminista. Un contexto en el que probablemente más personas que nunca se declaran feministas mientras cada vez más mujeres adoptan posturas escépticas hacia el movimiento y su potencial político. Hoy el feminismo se encuentra a la defensiva. Es palpable que se ha perdido la iniciativa y que la atención se ha desplazado de un horizonte crítico con el capitalismo hacia el mantenimiento de las victorias logradas. ¿Qué forma puede tomar una cuarta ola feminista que vuelva a la ofensiva? ¿Y qué papel jugará la rabia? En redes sociales las mujeres participan frecuentemente de momentos de rabia e indignación que ya no están sujetos a ningún movimiento concreto y, por esto mismo, no desembocan en ningún movimiento concreto. **Mujeres que quizá esperan en los huecos del** *scroll* **la aparición de una brecha que sorba su rabia. La rabia de muchas no está politizada, aunque sea política.** Primero publican sobre lo bajos que son los estándares en relaciones heterosexuales y después le dan *me gusta* a un meme de *monogamia o bala.* Internet está plagado de *posts heteropesimistas* en los que las mujeres se quejan de los hombres y viceversa: ellas de lo decepcionante que resulta desearlos y ellos de las conductas de sus novias. Son la versión actualizada de los chascarrillos sobre la parienta. La queja es importante porque revela malestares, tienen potencial cuando conducen hacia la acción. Pero también pueden ser un mantra con el que expresar la desidia, con el que acabar reforzando esas dinámicas de género desde una perspectiva aún más desesperanzada hacia un posible cambio.

En Internet y más allá de él hay mucho pastiche. En una discusión *online,* lo mismo puedes encontrarte con una explicación de la interseccionalidad que con un debate sobre si criticar a Hillary Clinton o Kamala Harris por lo que son, agentes de la pobreza y el genocidio, supone un acto de machismo. O movimientos como #MeToo o #SeAcabó que, a la vez que permiten un momento de confrontación en el que romper la imagen de los hombres poderosos que cometen abusos, también alimentan el punitivismo y después se desinflan como momentos virales sin organización en la realidad *offline.*

Ante la ausencia de gestos públicos de rabia, el ojo izquierdista se echa a cualquier gesto vacío de significado que quepa en el transcurso de una *storie* y lo eleva a una posición revolucionaria que no le corresponde. Unas magdalenas que pasan de las manos de Carmena a Cifuentes se convierten en un símbolo de la conquista de las mujeres de la política (reformista o reaccionaria). Unas gafas de sol y un vestido plateado bastan para *yassificar* (glamourizar) el desfile de las Fuerzas Armadas que conmemora la colonización del continente americano. El PSOE se *tiachulifica* mandando a Pedro Sánchez a hacer campaña a La Pija y la Quinqui o a mencionar a Taylor Swift en su discurso con la esperanza de que no nos percatemos de que la vida es lo que ocurre entre cada vez que eres PSOEizado. Y así, el feminismo se emborrona en lo que ocurre entre el nuevo disco de Beyoncé, el *remake* de *Cazafantasmas* y el *Brat Summer*.

Entonces, ¿quién está acaparando la rabia de género? La clave está en comprender que la respuesta a esa pregunta se está disputando ahora, y que, **ante la ausencia de proyecto, de las brechas emergen monstruos.** En los últimos tiempos hemos visto de todo. Mujeres que comparten la convocatoria del 8M, pero también contenido racista en X dirigido contra los hombres migrantes. Figuras históricas del feminismo que para defender visiones binarias y esencialistas del género se codean con los negacionistas de la violencia de género de Vox. *Incels* que odian a las mujeres pero desean desesperadamente su aprobación. Estas paradojas son el resultado del éxito de la estrategia *atrapalotodo* de la reacción y sus dos caras. Por un lado, capitaliza la rabia de los hombres agraviados por un feminismo que perciben como una vulneración del orden social natural. Por el otro, captan a mujeres rabiosas contra las formas que ha tomado la última ola feminista. El reaccionarismo se ha propuesto captar el descontento. Después del *Brat Summer,* llega el *Fascist Winter*.

Tercera parte:
Suyo es el asco

Entonces... ¿Quién tiene derecho a la rabia?

Greta Thunberg es una joven rabiosa. Ciertamente es rara. Creo que tiene que ir a una sesión de control de la ira. Esta es mi principal recomendación para ella.

Donald Trump, junio de 2025

Cuando un hombre blanco se enfada durante un debate, lo llamarán «apasionado», y si con su grito logra imponer su voluntad a la de muchos, será «un líder». Mientras la rabia de los subordinados se criminaliza, medicaliza o convierte en meme, la suya en muchas ocasiones es un sello de firmeza. De niños, a los hombres se nos enseña que el enfado es sinónimo de ambición, de determinación y de la capacidad para enfrentar obstáculos. La narrativa dominante nos permite externalizar nuestra rabia, transformándola en una manifestación de autoridad y decisión. Es decir, se construye la imagen de un sujeto que, al enfurecerse, demuestra su capacidad para luchar contra lo injusto. Pero su lectura de lo justo estará informada por su posición en la jerarquía social. Si lo natural es el orden imperante, cualquier práctica que lo cuestione podrá ser percibida como injusta y merecedora de su rabia.

No quiero que se lea este libro como un alegato más por una rabia masculinizada y heroica, esta vez articulada contra el capital. Este tipo de exaltación individualista, tan frecuente en la ficción, en la comprensión de la historia desde un puñado de grandes hombres, en la personalización de la política contemporánea, ignora que los conflictos sociales reales solo se superan desde la transformación estructural. Y eso requiere acción colectiva. El sujeto rabioso como lobo solitario, el hombre hecho a sí mismo que «no se deja pisotear» no es el héroe que merecemos ni el que necesitamos. **Ni ídolos ni salvadores, necesitamos compañeros dispuestos a sostener procesos colectivos con paciencia y compromiso, que fusionen su rabia con la de sus compañeras.**

Para ello, hoy sigue siendo necesario reivindicar la rabia, también la individual, de las que han cargado con el peso de la reproducción social. La rabia de las mujeres es la reacción legítima contra un sistema violento, diseñado para silenciar y naturalizar su opresión y explotación. Por ello, la expresión individual de su rabia se convierte en un paso necesario para desafiar las normas de género y reclamar autonomía sobre el propio cuerpo y su sexualidad. A pesar de este reconocimiento, esa rabia personal no alcanza su máxima expresión si no se colectiviza. No hay revolución sin vínculos sólidos, confianza y solidaridad, sin comunidades enteras que se organizan y resisten. Sin sumar y entretejer la rabia con más mujeres, pero también con más sujetos victimizados por el sistema género como las personas *queer* y con el resto de sujetos oprimidos por el capitalismo.

Como también ocurre en la lucha antirracista, los privilegiados solo pueden participar en la liberación de la opresión de género cuando asimilan el papel que juegan en ella. **No es posible articular una rabia común entre subjetividades atravesadas de forma diferente por las relaciones de dominación sin antes pasar por un proceso de comprensión mutua que reconozca las desigualdades de partida.** Los hombres deben desarrollar una voluntad de escucha, entendimiento y empatía que socave los diques de contención de la rabia que la cultura y educación patriarcal han erigido para ellas. «No estoy enfadada, estoy... decepcionada». Se condiciona a las mujeres a enmascarar su rabia con una sonrisa o a hacerla pasar por tristeza y culpa. Se educa que la rabia es algo «poco femenino» en una mujer y, por tanto, algo que las devalúa. Lo más cercano a una rabia femenina bien vista es el «enfado elegante» de las mujeres blancas de clase alta.

En el siglo XIX, las élites británicas y estadounidenses crearon la figura de la *lady,* un arquetipo de feminidad basado en la blancura, la fragilidad y la «decencia moral». A estas mujeres se las recluía en el hogar, donde su principal obligación era «preservar la pureza de la raza». En Latinoamérica las élites criollas hicieron algo parecido con los conceptos de «mujer decente» o «señorita de buena familia», que dibujaban una frontera entre las mujeres blancas e indígenas. Si unas eran puras, castas y sumisas, las otras eran interpretadas como seres inferiores que explotar en campos de café. Las mujeres blancas a menudo participaban de este sistema de división distinguiéndose de las mujeres indígenas y negras, de las «cualquiera» que no tenían honor, que según ellas no eran capaces de comportarse con «compostura» y buenos modales.

Esta división no fue un accidente, sino un proyecto político. Las *ladies* no solo eran el símbolo de lo civilizado, sino también las guardianas de un orden que justificaba la explotación y la violencia. Entre 1880 y 1950, más de 3.500 afroamericanos fueron linchados en EE. UU. La justificación siempre era la misma: «proteger la virtud» de las mujeres blancas del «hombre negro violador». Pero, como demostró Ida B. Wells, periodista afroamericana y fundadora de la Asociación Nacional para el Progreso de las Personas de Color, en la mayoría de los casos los asesinados no habían sido condenados por ningún delito. Eran chivos expiatorios ejecutados extrajudicialmente como forma de castigo colectivo por una rabia blanca que no soportaba la abolición de la esclavitud. El honor que querían restaurar no era el de las *ladies* sino el que se perdió con la derrota en la Guerra Civil estadounidense y el cambio de relaciones económicas y sociales que conllevó.

Algunas mujeres blancas también se organizaron contra ello, como la Asociación de Mujeres del Sur contra el Linchamiento (ASWPL). Sin embargo, esto era una excepción. No solo eran los hombres blancos los que utilizaban la idea de defender el honor de las mujeres para atacar al conjunto de la comunidad negra (masculina y femenina), sino que muchas mujeres blancas acababan retratando los linchamientos como un exceso necesario para una buena causa. No se puede comprender la segregación en los EE. UU. sin entender las sociedades de *ladies* blancas y su papel activo en la vida política. Ellas también estaban movilizadas, hacían campaña por los candidatos segregacionistas y varias de las sociedades por la memoria de los confederados fueron fundadas y gestionadas por viudas o huérfanas de guerra. Ellas también tenían derecho a la rabia.

Podemos encontrar cierto paralelismo con la Sección Femenina durante el franquismo, que funcionaba como una extensa red de mujeres organizadas políticamente en defensa del orden patriarcal. Ligadas a la Iglesia y la educación, tutelaban a las jóvenes en defensa de un ideal de mujer blanca, católica y sumisa. Este supremacismo y familismo blanco sostenía la exclusión sistémica de sujetos indeseables como las mujeres rojas y sus hijas; o el pueblo gitano, cuyas mujeres, exotizadas y erotizadas, se estigmatizaban como racialmente inferiores. Una inferioridad que justificaba la destrucción de familias gitanas separando a las madres de sus hijos o el robo de bebés de familias obreras. Todo esto lo organizaba un órgano en concreto, el Patronato de la Mujer, que aunque se sometía a la autoridad patriarcal del franquismo estaba dirigido, organizado y movilizado por mujeres.

Un acercamiento simplista al género puede llevarnos a pensar que las mujeres no tienen agencia en un sistema patriarcal. Pero la verdad es más sutil, como puede advertir cualquier mujer educada en un colegio de monjas. **A las mujeres se les invita a ser agentes en la reproducción de un rol determinado como niñas en minoría de edad indefinida, madres que preservan los valores tradicionales o víctimas en potencia que deben ser protegidas.** Eso puede incluir un papel político activo, canalizando la rabia contra sujetos que ponen en peligro el orden imperante. Podemos ver un ejemplo actual en las mujeres vinculadas al Opus. Aunque están confinadas a la vida doméstica, sus labores incluyen organizarse en espacios como HazteOír, supervisar que otras mujeres cumplen como ellas los valores patriarcales e incluso participar en acciones contra el aborto, que se entiende como una causa femenina, por la maternidad. Con todo ello, participan de la opresión de otras mujeres y minorías.

Desde la izquierda a veces se participa de la victimización paternalista de las mujeres, santificándolas con frases tales como «si las mujeres gobernaran no habría guerras». En el fondo, este es un ejercicio tan esencialista de género como los misóginos que afirman que son gobernantes inestables por tener la regla o por ser «demasiado emocionales». Escenas como el desencuentro *online* entre Trump y Musk una semana después de su salida del Gobierno evidencian que lo masculino no carece de emociones, sino más bien de capacidad de gestionarlas. La realidad es que las mujeres no son ni santas ni incapaces. **Hoy nos encontramos en un momento en el que algunas mujeres están en primera línea de los movimientos de extrema derecha.** Lideresas que inspiran a mujeres y que son admiradas por hombres. Mujeres como Ayuso, que representan los valores machistas pero que también se desenvuelven con soltura en las lógicas de la política masculina donde importan la capacidad de agresión, el dominio y la concentración de poder.

Un líder masculino hablando de la familia y los valores tradicionales ahuyenta a determinadas demografías como mujeres, gais o lesbianas. Pero cuando lo hace una mujer aludiendo a ese proyecto de vida familista que ya no puede realizarse, sin señalar que esa inviabilidad es producto del modelo económico neoliberal, se vuelve más accesible o deseable para determinados sectores privilegiados de esos grupos. Buscan ampliar su público, aglutinar un frente amplio contra los chivos expiatorios a los que culpan de la «degeneración de Occidente». Disimulan y normalizan los aspectos más inadmisibles del proyecto reaccionario, que presentan como un escudo contra el enemigo común: ames a quien ames, odia a los musulmanes.

Ames a quien ames, odia a los musulmanes

El unirme a Marine Le Pen se siente como una segunda salida del armario.

Sébastien Chenu, diputado por Agrupación Nacional desde 2017, declaración en 2014

La elección de Rishi Sunak como cabeza del Partido Conservador tras la dimisión de Liz Truss y, por tanto, como primer ministro del Reino Unido, marcó un hito en la historia política del país. Por primera vez, un hombre racializado ocupaba la cumbre del poder británico, rompiendo con décadas de homogeneidad en la élite política. Sin embargo, este hito no debe interpretarse como un avance progresista, sino más bien como la encarnación de una contradicción abismal. El Gobierno de Sunak puso en marcha algunas de las políticas migratorias más represivas de la historia reciente. Entre estas medidas destaca un controvertido pacto con el Gobierno de Ruanda para deportar a la población migrante en situación irregular. Hoy la líder del partido es Kemi Badenoch, de padres nigerianos, cuya visión de la migración es aún más restrictiva, como ya demostró cuando formaba parte del gabinete de Sunak. Este fenómeno no es una anomalía aislada, sino el reflejo de un modelo político que, a pesar de los avances retóricos en materia de diversidad, sigue aferrándose a mecanismos de control y represión.

Otro ejemplo de esta dinámica es Giorgia Meloni, la primera mujer en ocupar el cargo de primera ministra en Italia. Si no fuera fascista, su ascenso podría haberse celebrado como un triunfo del feminismo. Su discurso se apropia de cierta retórica de empoderamiento femenino, pero solo en la medida en que refuerce una visión tradicionalista de la mujer, centrada en la maternidad y la familia nuclear como pilares de la nación. Su eslogan «Dios, patria y familia» será un sermón de los 50, pero funciona con *millennials* nostálgicos de un pasado que nunca vivieron. En las generales de 2022, Fratelli d'Italia fue primera fuerza entre los jóvenes.

El ejemplo paradigmático es Marine Le Pen, conocida por liderar Agrupación Nacional en Francia, una formación conocida por su discurso antiinmigración y su defensa de los valores tradicionales de la familia. Sin embargo, su estrategia política supo adaptarse a los nuevos tiempos, incorporando un discurso *homonacionalista* en el cual se asocia el respeto de los derechos LGTBIQ+ a la defensa del estado-nación. Para Le Pen, la protección de las libertades sexuales no era un proyecto de emancipación universal, sino un arma más en la batalla contra una «amenaza islamista». Pero sin duda, el ejemplo más extremo (a todos los niveles) es el de Alice Weidel, líder de Alternativa para Alemania. Abiertamente lesbiana y en pareja con una mujer nacida en Sri Lanka, Weidel dirige un partido estrechamente vinculado con el neonazismo, que promueve un nacionalismo férreo, antiinmigratorio y contrario al multiculturalismo.

Estos casos no son excepciones, sino parte de un patrón global: el auge de lideresas de extrema derecha que combinan nacionalismo y discursos antimigratorios, con un énfasis particular en la islamofobia. En vez de romper el techo de cristal, lo blindan con alambre de púas. Desde el Partido del Progreso en Noruega, que lleva desde el 2006 siendo liderado por mujeres, hasta One Nation en Australia, encabezado por Pauline Hanson, famosa por su aparición performativa en el senado vestida con un burka. Incluso en el nacionalismo sin Estado de Catalunya ha surgido Silvia Orriols, que encabeza Aliança Catalana con un mensaje que fusiona el independentismo con un rechazo radical a la inmigración. **Todas ellas han demostrado que el discurso del miedo y rabia contra el Islam es aún más efectivo si no lo proclama un rostro masculino.** Mucho se ha escrito sobre los Milei, Trump y Abascal, pero deberíamos poner más atención en ellas, esas mujeres fascistas y su cóctel discursivo-identitario, que pueden ser especialmente insidiosas en el viejo continente, la Europa de los Valores.

La extrema derecha contemporánea ha parido su propia versión del feminismo, uno que no busca la emancipación ni la igualdad real, sino la protección de un orden tradicional bajo el manto del cuidado familiar. En un momento en el que la conversación en los espacios feministas gira en torno a poner los cuidados en el centro, la derecha impulsa discursos sobre cómo está amenazada la función social de la mujer como madre (de la patria). Prometen quitar unas *paguitas* inexistentes para migrantes irregulares y aseguran que apoyarán a las familias nacionales. Veremos cuánto te compensa el cheque bebé de Ayuso cuando te toque llevarlo a una guardería y hayan cerrado todas las públicas. El empoderar a las mujeres se torna en reconciliarlas con una feminidad cuya dignidad, según estas lideresas, se ha perdido en el devenir de una modernidad egoísta que no entiende de cuidados ni de responsabilidades familiares.

En ello hay un grano de verdad, en cuanto la modernidad capitalista está mercantilizando parte de las tareas de reproducción de la vida típicamente asumidas por las mujeres como la cocina (con productos precocinados), la limpieza (con lavadoras y *roombas)* o el cuidado de los niños y los mayores (con trabajadoras domésticas migrantes en lo que se conoce como cadena global de los cuidados). **Pero, a la vez, nuestro contexto de precariedad también está suponiendo un aumento y transformación de la dependencia.** Aumenta la dependencia de personas mayores ante la congelación de las pensiones. O, inversamente, para algunas familias el único ingreso estable es la pensión del abuelo. También dependen los jóvenes que pasan años encadenando contratos basura y necesitan de apoyo económico. La crisis de la vivienda supone para muchos la obligación de vivir con los padres o de compartir piso, que no deja de ser otra forma de dependencia interpersonal (con la pareja, familia, amigos, desconocidos...).

Esta es la principal característica de esta *crisis de cuidados.* Conforme se sustituye el estado de bienestar por servicios privados, se nos responsabiliza a título individual de nuestra propia manutención a la vez que disminuye nuestra capacidad para asumirla. Paradójicamente, las dinámicas del capitalismo que nos hiperindividualizan, alejándonos de las redes de apoyo colectivo, son las mismas que blindan la familia como unidad básica de la reproducción de la vida. La vuelta con fuerza entre los más jóvenes de los discursos románticos y monógamos, de la idealización de la familia tradicional, no puede separarse de este contexto económico marcado por la precariedad e inestabilidad. Asimismo, la extrema derecha europea se apoya en el actual estado de abandono tras la crisis del estado de bienestar y el sentido común que creó (derechos, ayudas, libertades, empoderamiento...). Articulan un miedo a tener que compartir lo poco que queda con un «otro» que no se lo merece. La retórica de «defender a los nuestros» se vuelve una estrategia para desviar la atención de las verdaderas raíces estructurales de la crisis, culpando a quienes son percibidos como foráneos o desviados. **Se designa como enemigos a figuras que transgreden los límites de lo aceptable.** En este juego de espejos no se trata de atacar al gay burgués, casado y familista ni al migrante blanco (perdón, *expat)* nómada digital cuyo salario alemán gentrifica nuestros barrios. Si tienen LinkedIn, van bien. Porque, por el momento, la extrema derecha está dispuesta a no meterse en tu vida privada si mantienes cierta normalidad, si simulas ser inofensivo. Puedes ser gay, siempre y cuando seas discreto, respetable, monógamo y, a poder ser, consumista. En algunos casos puedes ser incluso racializado mientras cumplas su modelo cultural de integración, como vemos con el trato paternalista pero cercano de VOX y Ayuso con ciertos migrantes latinos, algo impensable con la migración musulmana. Tampoco lo trans puede ser aceptado por la reacción ya que pone en crisis toda la estructura de género: el binarismo, la familia, la naturaleza «esencial» de lo que significa ser hombre o mujer. Lo trans desestabiliza el orden simbólico y, por eso, es el significante perfecto para representar la degeneración, el enemigo interno.

Muchos de los que apoyan estas cazas de brujas no se dan cuenta de que en un santiamén pueden girar las tornas y convertirse ellos en «el otro». Mañana quizás el gay burgués deje de ser aceptable. Quizás la mujer independiente, hasta ahora celebrada como «ejemplo de éxito», vuelva a ser señalada como una amenaza al orden natural. Aquí es donde el identitarismo se muestra como lo que es: un espejismo. Ser parte de una minoría no impide reproducir discursos excluyentes ni defender estructuras de poder que perpetúan la desigualdad. **Lo que define las posiciones políticas no es el origen, la orientación o el género, sino a quién decides señalar como enemigo y a qué proyectos decides servir.** Y esta es la realidad que nosotros debemos señalar. Denunciar *sus discursos de odio* desde una posición de guardianes de la moral, de lo muy malas personas que son, no subraya los intereses que les mueven. Mientras la concentración de riquezas en unas pocas manos se intensifica porque nuestros salarios llevan décadas estancados, quieren que te focalices en el migrante.

Nadie cruzaría un desierto
para limpiar retretes

> Decidme, cuántas cacerías se han organizado contra esos
> empresarios españoles denunciados y condenados por ex-
> plotar en condiciones infrahumanas a población migrante en
> campos agrícolas, por violar y abusar de jornaleras migran-
> tes que llevan años señalando la indefensión que viven.
> **Youssef Ouled, *Organizar la rabia frente al odio al
> moro*, 2025**

Mientras las fronteras suponen una masacre diaria (30 ahogados al día tratando de llegar a España) los
medios de comunicación lo ignoran o lo presentan como
una tragedia sin culpables. Tampoco hablan de los sectores de la patronal hotelera y de la construcción, pero
sobre todo del campo, a quienes les interesa un flujo de
migrantes irregulares con miedo a su deportación que
estén dispuestos a trabajar por sueldos de miseria.

En las explotaciones agrícolas del sur de España se acumulan generaciones enteras de personas migrantes ile-
galizadas por las políticas migratorias racistas del Estado.
Llegan de países en los que nuestros Gobiernos siembran
guerras y esquilman sus recursos. Cobran por debajo del
sueldo mínimo, sus empleadores les requisan el pasapor-
te, les exigen horas extras sin remunerar y les obligan a
trabajar sin las condiciones mínimas de seguridad. Muchos viven aislados en barrios a las afueras de los núcleos

urbanos, a veces en instalaciones infrahumanas que son propiedad de las empresas que les explotan y por las que se les retira una parte de su sueldo.

Este aspecto económico es clave para entender los estallidos de rabia en forma de violencia racista que ocurren periódicamente en estas zonas, como en El Ejido en el 2000 o en Torre-Pacheco en 2025. A menudo se nos presenta el racismo como un conjunto de prejuicios nacidos de «problemas de convivencia» entre locales y extranjeros. Las personas blancas acumulan una serie de falsos conocimientos que les predisponen a sospechar de las conductas de las personas racializadas, interpretándolas como violentas o malintencionadas. Pero **los prejuicios aparecen para proteger algo: la raza como una condición social que devalúa, que predispone a la explotación y que se manifiesta como heredable y difícil de esquivar.**

En la escuela nos presentan el racismo como un prejuicio propio de la interacción entre comunidades humanas, como algo moralmente reprobable proveniente de un rechazo al diferente, y no como un discurso y práctica construido como un engranaje fundamental de nuestro modelo económico. Esta explicación beneficia al fascismo y su tesis de que el racismo es una reacción instintiva o lógica entre comunidades inherentemente diferentes. Así se refuerza la amnesia colonial de los Estados europeos, que hemos naturalizado el marco de *países pobres - países ricos* en la que Occidente parece ser naturalmente superior sin explicar nuestro papel activo en mantener al resto pobre, ni trazar el origen histórico de nuestras riquezas en los antiguos imperios. Hablar de racismo pasa por hablar del agotamiento de la pesca en África por parte de las flotas industriales europeas. O de las migraciones provocadas por un cambio climático y desertificación en el que juega un papel fundamental el modelo internacional de explotación que impone Occidente. **Hablar de racismo sin hablar de un sistema-mundo imperialista y extractivista es enfocarse en los síntomas sin tratar las causas.** Esta es la clave por la que los discursos liberales y progresistas suelen ser incapaces de desbaratar los discursos antimigratorios. Condenar moralmente el racismo mientras celebras las múltiples contribuciones de las personas migrantes a los países receptores es un discurso truncado. Por un lado, significa ensalzar las migraciones existentes bajo el sistema capitalista, resultado del expolio colonial y que frecuentemente supone un gran riesgo durante el trayecto y una vida precaria al llegar. Celebrar que contamos con migrantes para recoger las cosechas y limpiar el culo de nuestros abuelos no es tan antirracista como parecen creer. Por otro lado, como la extrema derecha, incurren en la misma ofuscación de las causas de las migraciones, ya que ni unos ni otros quieren reconocer que el capitalismo beneficia a Occidente a costa de depredar los recursos y las vidas del sur global. Por ello estos discursos son incapaces de responder de forma efectiva a los reaccionarios, al representar las migraciones como decisiones voluntarias en base a preferencias personales como si ya viviéramos en un sistema-mundo equitativo y cuyo único problema fueran los prejuicios culturales.

Por eso, los ejercicios de violencia como la «caza al magrebí» de Torre-Pacheco, convocada en julio de 2025 por varios grupos fascistas, ni son un momento espontáneo de racismo, ni solo la manifestación de un prejuicio. Son actos premeditados que buscan intimidar a una población que, si bien vulnerable, es a la vez fundamental para el sostén de la economía productiva. Esta violencia es muy útil para la patronal agrícola, la misma que apoya a VOX y sus políticas de fronteras duras. Las migraciones seguirán ocurriendo pero cuanta más violencia, más fácil será la explotación del migrante. Así resulta más difícil que los miembros de la comunidad racializada se organicen contra la explotación por miedo: a la policía, a la deportación, al castigo colectivo. Además, cuando migrantes y locales de clase trabajadora se tienen miedo entre sí, no pueden organizarse juntos contra la patronal. *Divide et impera.*

La solidaridad con los musulmanes se presenta como imposible. Desde las Cruzadas medievales hasta la retórica post 11S, Occidente ha construido una narrativa del «nosotros contra ellos» en la que el islam se presenta como una amenaza existencial. El hombre musulmán como radical fanático, intolerante, incompatible e inadaptable a los valores occidentales. El nuevo ciclo de islamofobia empezó con la crisis del petróleo de 1973 y que el 11S consolidó al convertir el «terrorismo islámico» en el enemigo fantasma. Agitando este espectro se justifican guerras y expolio imperialista, la vigilancia interna masiva y leyes xenófobas. En nombre de la seguridad nacional se militarizan las fronteras y se vigilan los barrios obreros. Si lo trans es el perfecto enemigo interno, el musulmán es el perfecto enemigo externo.

Cada supuesta agresión se enmarca como un problema cultural y se ignoran las condiciones sistémicas de precariedad que motivan una violencia y delincuencia que no solo cometen las personas racializadas. Por lo que sea, en Murcia no hubo una «caza al empresario» cuando se destapó una red de prostitución infantil en 2015 ni cuando sus clientes, conocidos empresarios, se libraron de la cárcel en su juicio de 2024. «¡Vienen a imponer la *sharia*!», gritan los mismos que recortan derechos reproductivos en nombre de la «tradición cristiana». Mientras defienden la familia tradicional, espacio donde ocurren y se encubren la mayoría de abusos y agresiones sexuales, ponen el grito en el cielo y amplifican los casos de violencia perpetrada por jóvenes magrebíes.

Los mismos que denuncian el «adoctrinamiento de género» de un supuesto «lobby LGBT» acusan al magrebí de fanático inadaptado e incluso de peligro para los gais. La extrema derecha niega a menudo la violencia de género o cuestiona los testimonios de las víctimas de las agresiones sexuales, diciendo que los hombres están en el ojo de mira. Pero cuando la violencia (real o inventada) la comete un hombre racializado, entonces hemos ido demasiado lejos con la tolerancia y hay que proteger a las mujeres. Esta lógica perversa es la misma que utilizan con las mujeres racializadas.

A la derecha que presenta a las feministas como unas quejicas y exageradas, parece que le importa el patriarcado cuando el velo le sirve de excusa para trazar la línea contra esa «cultura inferior» de los otros. En un ejercicio de paternalismo, las mujeres del enemigo son reducidas a niñas desvalidas, seres sin agencia que deben ser salvadas. Y aquí no hay solo hombres de derechas interpretando el papel del protector. Muchas mujeres blancas también se suman al juego, arrogándose la autoridad de decidir qué mujeres pueden hablar por sí mismas y cuáles deben ser rescatadas, les guste o no. Una potestad que pocas veces vemos esgrimida contra familias del Opus o colegios católicos segregados.

Esta hipocresía empapa nuestra política internacional. Se dice que hay que civilizar el mundo, llevar la democracia y libertad a países atrasados y, a la vez, en base a esos mismos prejuicios, se los considera seres irreformables y, por tanto, merecedores de los peores crímenes de guerra. Es la nueva encarnación de Occidente como padre severo que tiene que impartir justicia y liberarles de su cultura retrógrada con una buena dosis de civilización impuesta. La farsa, sin embargo, funciona mientras queden ocultos los verdaderos intereses económicos extractivistas de estas campañas, que nunca se dirigen contra monarquías aliadas como Arabia Saudí.

Occidente tiene un fetiche con salvar a las mujeres del sur global porque le permite presentar sus bombardeos como actos humanitarios. La retórica de «defender a las mujeres» se moderniza: si los linchamientos sostenían y justificaban el orden racial interno, esta es su versión internacional que justifica el imperialismo. Las mujeres racializadas quedan entonces como figurantes del teatro de la guerra. Útiles para justificar invasiones, pero no tan útiles cuando cogen las armas para defenderse del imperialismo o denuncian la violencia (sexual) de sus «libertadores».

La defensa de las mujeres como pilar civilizatorio ha evolucionado de una supuesta protección pasiva a un mandato activo: ya no basta con protegerlas, sino que enviamos a las mujeres a combatir la barbarie. Nada gusta más a la OTAN que una mujer con uniforme militar y sonrisa de anuncio de dentífrico. La feminidad se vuelve un escudo porque sirve de coartada feminista: «No somos imperialistas, ¡tenemos soldadAs!». En Occidente escuchamos a menudo el mito de que Israel es la única democracia de Oriente Medio, un faro de derechos para las mujeres y el colectivo LGBTIQ+ entre un mar de barbarie. Si bien es un relato que hace aguas en muchos sentidos, la integración de estas comunidades en el ejército sionista sirve para justificarlo. Una fantasía colonial de lo más antigua (civilizar mediante la violencia) adaptada a la óptica neoliberal. El genocidio se vende como progreso, mientras la resistencia se califica de terrorismo. **Israel no es solo un aliado estratégico, es un espejo narcisista.** Para la extrema derecha, Israel encarna el sueño colonial actualizado: un etnoestado donde la violencia se justifica como «defensa propia» y el *apartheid* como «seguridad». Es la heredera de la doctrina del Destino Manifiesto de EE. UU. y del *Lebensraum* o «espacio vital» nazi, pero con tecnología punta. Cuando un soldado israelí mata a un niño palestino, Occidente no ve un crimen; ve un entrenamiento para su propia guerra contra el «terrorismo». Funciona como laboratorio militar, pues las armas y tecnología de control israelíes se venden a los cuerpos militares y policiales occidentales. Llevan literalmente la etiqueta de «testado en combate», es decir, entrenada en el genocidio del pueblo palestino.

No es casualidad que las mismas voces que alertan de una supuesta «invasión islámica» en Europa admiren con devoción la política de segregación y control israelí. Para la derecha europea que se propone contener lo que ellos llaman la amenaza demográfica o «Gran Reemplazo», Israel representa la fábula de que es posible blindarse con muros, controles fronterizos y *apartheid*. En la pasividad ante los linchamientos en territorio europeo y el genocidio palestino se denota que, para los Estados europeos y su discurso pretendidamente liberal, los musulmanes han dejado de ser sujetos de los tan cacareados derechos humanos. Israel lleva décadas perfeccionando esta narrativa: «Somos una minoría rodeada de enemigos que quieren destruirnos». La victimización del colono no queda lejos del miedo que la extrema derecha europea propaga: nos van a hacer a nosotros lo que les hicimos a ellos. Es el principio de transposición de Goebbels: acusar al otro de lo que tú haces.

No es solo un meme

Es importante secuestrar memes populares siempre que sea posible. Apropiarse de referencias culturales y acoplar conceptos nazis a la cultura del entretenimiento tiene el propósito psicológico de sacarlos del pozo de extrañamiento en el que existen debido a cómo han sido tratados por la cultura hasta el momento. Así los hacemos parte de la cotidianidad del lector. Con este método podemos aprovechar la cultura existente para transmitir nuestras propias ideas y agenda. **Guía de estilo de la popular web neonazi *The Daily Stormer,* filtrada en 2017**

Internet no es un mundo nuevo ni un mundo aparte. Es un ecosistema con unas dinámicas propias integrado en nuestra cotidianidad. Asimismo, la batalla por el relato no es exclusiva de las redes sociales, sino que lo *offline* es re-interpretado en ellas y, a su vez, los discursos que de ellas emergen informan la conducta *offline*. En redes sociales la conversación suele girar alrededor de lo que podemos entender como *acontecimientos*. Para entender los hechos necesitamos elaborarlos, necesitamos enmarcarlos en un contexto. Los hechos no significan nada por sí solos, su significado es social, requiere de una mediación humana. **Un acontecimiento es un hecho ya significado mediante un marco que trata de determinar cómo se interpreta y comunica.**

La agresión al vecino de Torre-Pacheco que motivó el linchamiento es un ejemplo claro de construcción de un acontecimiento. Una agresión aislada, por sí sola, no suele convertirse en noticia nacional. Pero esta fue cargada de sentido por las características de los implicados, que fueron vinculadas a un discurso ya existente. La víctima, un anciano. Vulnerable, indefenso, y por ello, el ataque especialmente gratuito e injusto despierta simpatía por la víctima y rabia contra el agresor. El agresor, un joven magrebí. Extranjero, peligroso, un otro amenazante e incomprensible. No se necesitan más detalles para comprenderlo. Cuando el agresor es un joven blanco, algo frecuente ante el aumento de atentados de extrema derecha, rápidamente se nos informa de sus condiciones personales, de su salud mental. Pero si es magrebí ya es información suficiente, a menos que se pueda complementar con una frase tipo «tenía antecedentes penales». Es suficiente porque el hecho se significa en cuanto ejemplo de un patrón.

La extrema derecha cogió este caso ya sangrante y lo sobredimensionó todavía más: empezó a circular masivamente por grupos y cuentas de *monetizadores del odio* un supuesto vídeo de la agresión, que alcanza cientos de miles de visualizaciones. Horas después, la persona agredida en ese vídeo denunció que su agresión fue meses antes y precisamente por parte de dos neonazis. Pero los bulos cumplen su cometido, la exageración. Ya no solo era un atacante sino un grupo de magrebíes. Así se despersonaliza aún más el agresor, se le reduce al prejuicio y se aviva el asco contra todos aquellos como él, esa masa diferente, criminal, amenazante. Porque si bien la injusticia vehicula la repulsa popular ante la agresión, lo que vemos en las conversaciones filtradas de los grupos de Telegram en los que se organizaron los linchamientos es un profundo sentimiento de asco.

Es importante resaltar de nuevo que internet y lo que ahí ocurre no es algo aislado sino superpuesto. La prensa lleva años alimentando el relato del moro como el depredador suelto en las calles, pero hay quien recordará que antes de los *menas* los jóvenes peligrosos eran las bandas latinas, que hoy siguen a lo suyo pero ya no interesan porque hay un mejor chivo expiatorio. En el caso concreto de Torre-Pacheco, los medios de comunicación dieron cobertura repetidas veces a diversos bulos y discursos deshumanizantes. Un ejemplo es el periódico *La Opinión de Murcia*, el más leído de la región, que incrustó en su noticia sobre el caso un tuit con un vídeo de cinco minutos del matón de Desokupa donde anuncia que va a salir a cazar.

Los acontecimientos no nacieron con internet y como hemos visto, otros medios de comunicación anteriores como el periódico o la televisión siguen afectando a cómo se significan los hechos. Pero dada la creciente omnipresencia de lo digital en nuestras vidas y también al potencial de intervención que tenemos en ellas a nivel usuario, vale la pena detenerse para repensar este espacio como arena del debate público y el papel que juega la rabia en ella. Para ello es importante partir de un principio: las redes sociales son propiedad del enemigo, por lo que nuestra presencia y la de nuestros discursos está supeditada a sus decisiones arbitrarias. Es así en todos los casos (menos en las redes descentralizadas del Fediverso como Mastodon) pero es paradigmático el de Elon Musk y Twitter, rebautizado tras su compra por el hombre más rico del mundo como X. Su manipulación del algoritmo para impulsar discursos de odio y rabia de extrema derecha junto con su entrada en el Gobierno de Trump motivó una campaña de migración colectiva bajo el lema #VamonosJuntas.

Los capitalistas que poseen las redes intentan monopolizar nuestro tiempo *online*, buscando retenernos el máximo tiempo posible en ellas. Por ello, en este medio la creación de un acontecimiento está íntimamente ligado con la atención. **Cuando alguien logra viralizar un contenido, dirige la mirada a un suceso concreto.** Cada interacción (*me gusta, comentario* o *compartido*) alimenta su peso a nivel algorítmico, siendo así empujado a las pantallas de más usuarios. La atención es la moneda de las redes sociales, canjeable por impacto en el discurso político, por capital social en lo *offline* o directamente por dinero mediante la publicidad o la venta de productos a tus seguidores. El contenido cargado emocionalmente, sobre todo si es de rabia u odio, es el que más interacciones genera. Ello ha creado un caldo de cultivo para un tipo de creador de contenido al que llamamos el *monetizador de odio*.

Los *monetizadores del odio* saben tocar las teclas adecuadas para que sus mensajes se propaguen como la pólvora. Primero, escogen con cuidado el suceso (real, distorsionado o completamente falso), como un vídeo de un migrante comportándose violentamente o una noticia de una atleta trans. Proceden a enmarcarlo como una afrenta, buscando el asco y la rabia de sus fieles. Gracias a sus interacciones el contenido medrará en el magma reaccionario que se ha ido conformando con los años en redes. Cuando la publicación alcanza cierto nivel de viralidad, sus opuestos ideológicos se topan con ello y se indignan, de manera que responden. Los comentarios y compartidos se interpretan siempre por el algoritmo como interacciones, con indiferencia de que sean de apoyo o rechazo, por lo que promocionan todavía más la publicación y al usuario que lo ha compartido. Ante este tipo de contenidos de odio, es recomendable no interactuar, seguir la táctica *no les des casito*. Todo esto explica también por qué las redes sociales favorecen los mensajes polarizadores y confrontativos. **Como las respuestas y refutaciones tienen menos posibilidades de atraer la misma atención, quien publica el viral conquista los términos del debate.** Y con ello, aunque solo sea por unas horas, el consenso de verdad.

La derecha en internet aúna a un conjunto variado de sujetos, no todos monetizadores del odio. Liberales, fascistas, *criptobros*, gurús del emprendimiento, entrenadores personales... *Influencers* que han nacido para apelar a nichos de atención concretos pero que presentan un discurso reaccionario muy similar: una amenaza se cierne contra el «mundo libre» y es preciso actuar antes de que sus agentes degenerados acaben con él. Estos nichos pueden formalizarse en espacios como foros en los márgenes de internet, pero también funcionar a través de comunidades informales en plataformas como X. Sus usuarios tienden a entrar en ellas guiados por intereses que no tienen una relación directa con la política. Al encontrar una comunidad de iguales, su grado de implicación aumenta y también el contacto con los discursos que circulan ahí. La comunidad *online* acaba por tomar una porción grande de su atención y tiempo y con ello normalizan los contenidos reaccionarios ahí presentes que, por ejemplo, atacan de manera rutinaria a chivos expiatorios: las feministas que te han privado de una novia, los comunistas que han arruinado tu país, los migrantes y los musulmanes que reemplazan tu cultura...

Muchos de estos contenidos toman forma de memes, que en general juegan un papel fundamental en la construcción del sentido común digital. Funcionan como pequeñas unidades de significado en las que se encapsula una interpretación de los acontecimientos. Es posible que estés leyendo este libro porque seas un seguidor de mi cuenta de memes políticos llamada «Infusión Ideológica». En ella, trato de focalizarme en memes que enmarcan el presente mediante acontecimientos que refuerzan mi discurso. La elección de los memes no es casual, ya que su formato es especialmente fértil para la difusión de ideas radicales.

La esencia del meme está en su incongruencia, sea entre la imagen y el texto, entre partes del texto o partes de la imagen. También puede ser una dislocación entre un elemento muy conocido (una imagen de una serie, un elemento de la cultura popular...) y un mensaje hiperespecífico. La discrepancia entre las diferentes partes del mismo crea un «enigma» que obliga al receptor a detenerse y descifrarlo. Al resolver el puzle comprendemos el argumento del meme y el elemento irónico que normalmente lo acompaña, ironía que puede servir solo a una intención humorística pero que también puede ayudar a reforzar el argumento. Este proceso de comprensión nos lleva a pensar fuera de los marcos hegemónicos y, de esta manera, aceptar argumentos que quizás no toleraríamos tan bien en otro formato, más aún cuando están amparados por el sacrosanto humor que todo lo permite. El formato visual con pocas palabras hace el mensaje mucho más cómodo para su lectura y propagación, además de basarse necesariamente en una apelación a lo emocional o al «sentido común» más que en una reflexión pausada que sopese argumentos a favor y en contra.

Los memes no solo condensan ideas de manera eficiente y compartible sino que se usan como una plantilla. Cuando alcanzan popularidad tienen una larga vida en internet, apareciendo y reapareciendo en su forma original o con modificaciones. **Se trata de un sustrato digital que compone el paisaje de internet, de manera que las ideas o puntos de vista que ofrecen de la realidad acaban por crear una cotidianidad o apariencia de normalidad inofensiva.** Sin embargo, los memes no son inofensivos. Impactan sobre los marcos con los que interpretamos la realidad y tienen consecuencias en el mundo *offline*.

El anonimato y la reducida censura de internet facilita la experimentación con ideas «prohibidas», frecuentemente desde el humor. Esto sucedió con el concepto de *feminazi,* ya que la popularización del término puede ser parcialmente explicada por el elemento cómico que podía suponer la yuxtaposición de dos elementos tan dispares como el feminismo y el nazismo. Se expandió en un público receptivo que consideraba que las mujeres feministas «se estaban pasando» con sus reivindicaciones y exigencias de «corrección política», legitimando su rabia contra las *totalitarias feminazis.* Pero con su uso cada vez más habitual este se ha normalizado, siendo el cimiento sobre el que se ha construido el imaginario antifeminista. El éxito de difusión de este concepto se debe a su capacidad de enmarcar unas ideas (misóginas) previamente existentes en un formato memético.

Podemos trazar el origen de este imaginario antifeminista en la llamada *crisis de la masculinidad.* Al verse cuestionados por las demandas de igualdad y críticas a sus comportamientos, el humor (misógino) funciona como un mecanismo de defensa. Por un lado, convertir a tu adversario en un meme es una forma de intentar desprestigiarlo de cara a terceros. Es algo común de la derecha en internet, que trata de burlarse de las personas movilizadas políticamente. Preocuparse, protestar, que te afecte la situación del mundo y de los colectivos vulnerables se retrata como algo exagerado y emocional, *cringe*, que da vergüenza ajena. Los memes pueden cimentar ese escarnio al conseguir categorizar la preocupación como avergonzante y con ello desmotivar la implicación política, ya que tememos el ridículo, especialmente entre personas jóvenes.

Por otro lado, ridiculizar al enemigo te permite no exponerte a sus argumentos, no tener que valorarlos, sopesarlos, aceptar lo que hay de verdad en ellos. Así, el miedo a la pérdida de estatus se convierte en burla, pasa a la ofensiva y conforma una visión del mundo en bloques. **Se enmarcan las reivindicaciones feministas como ataques injustificados de una izquierda ridícula, tan fantasiosa como exigente.** Pero boicotear la comunicación de quien te señala tus problemas no hace desaparecer ni al otro ni a los problemas, solo te *bunkeriza*. Detrás de cada meme misógino late el pánico de una masculinidad que no sabe cómo reinventarse en un mundo en crisis donde los pilares de su poder se están desmoronando.

Sobre la crisis de la masculinidad y las nuevas masculinidades reaccionarias

El viejo mundo se muere. El nuevo tarda en aparecer. Y en ese claroscuro surgen los monstruos.

Antonio Gramsci, *Cuadernos de la cárcel,* **1930**

Cuando empezó a calar en la sociedad el mensaje feminista de que lo femenino es una construcción social, también se hizo patente que lo mismo ocurría con lo masculino. El Hombre dejó de ser lo Universal y el espíritu masculino entró definitivamente en crisis. Si bien es cierto que la circular denuncia patriarcal de que *las nuevas generaciones de hombres son más débiles y afeminados* es tan antigua como el concepto de hombre; con el avance feminista vemos **una masculinidad replegada sobre sí misma, su pasado, su cultura, su sentido.** Pero más que una crisis de la masculinidad, que asume que esta es un sistema único y coherente amenazado, deberíamos hablar de una crisis del orden de género como un todo, ya que lo masculino se construye relacionalmente y en oposición a lo femenino.

El penoso repunte de violencia de género contra mujeres y contra la comunidad *queer* que estamos viviendo es una prueba más de la crisis del orden de género. La mezcla de la creencia en un «derecho» a la autoridad junto con una sensación de impotencia resulta en estas formas de violencia. Todo sistema de dominación recurre a la violencia, pero cuanto más perfeccionado y legitimado socialmente esté, menos necesidad tiene de llegar a usarla. La violencia juega un papel especial en esta crisis porque no solo proclama la masculinidad, también la restaura. **En nuestro contexto de incertidumbre y precariedad, muchas veces la violencia no emerge de la rabia sino del ocultar la propia vulnerabilidad.** Empieza con un miedo o frustración inicial que, al no poder ser mostrado, se transforma en rabia, emoción permitida por la masculinidad, que desencadena la violencia. De ahí que se vea acompañada de cambios de humor repentinos, explosividad y balbuceo emocional. A pesar de ello, es innegable que el rechazo a la violencia física contra las mujeres es una de las reivindicaciones feministas que más han calado entre los hombres, hasta el punto de que se ha llegado a incluir en aquello que llamamos *el sentido común.* Se aprecia la victoria del feminismo en que situaciones que antes eran aceptables ya no lo sean y viceversa.

Porque la violencia de hombre a mujer se ha vuelto inaceptable, desde las instituciones y gran parte de la sociedad se ha construido la idea de la **masculinidad tóxica.** Así se define un hombre rabioso sin empatía, que soluciona todos sus problemas con la violencia, extremadamente machista y homófobo y sin ningún tipo de educación ni respeto por nada ni nadie, salvo por otros hombres como él. La metáfora del machismo como enfermedad o toxicidad desplaza el problema del plano estructural al individual. Lo convierte en una cuestión de «curar» o «sanar» a los hombres, en lugar de cuestionar las bases sociales del patriarcado. **Este enfoque esencialista disfraza el machismo de patología personal, cuando es un sistema cultural que ordena una jerarquía.** Requiere transformación social, no soluciones mágicas o individuales.

Por otro lado, este arquetipo de masculinidad no deseada, tóxica, está construido en una intersección de raza y clase, ya que en la mente de la mayoría de españoles este modelo tóxico lo encarnan hombres «barriobajeros e incultos» o migrantes de África o América Latina. Al construir un prototipo tan desagradable permite a los hombres rechazarlo y condenarlo en público, como hacen con la violencia física. Así, se moraliza la masculinidad en una distinción simplista entre «hombres buenos» y «hombres malos» permitiendo que muchos hombres puedan separarse de ello sin necesidad de cuestionar y cambiar ni el sistema que les beneficia ni a ellos mismos. Su función es más de pauta de mínimos. De qué no hacer, o qué, en caso de hacerse, debe esconderse, ya que habitualmente los violadores, maltratadores y feminicidas no se muestran en público como esta figura del «macho violento». De hecho, hasta que lo hacen, la mayoría de ellos no se piensan capaces de ser ninguna de estas cosas.

Contrapuesto a este modelo, cierto perfil de hombres construye otro: el de las **nuevas masculinidades.** Suelen ser blancos, de clase media, progresistas, heterosexuales, quizás con hijos. Aunque se presentan como «nuevos» y se perfilan como sensibles y respetuosos, operan en el mismo marco social que el resto. Un marco que sigue privilegiando al hombre como sujeto central y conservando estructuras de género, raza, clase y capacidad.

Así, si bien promueven el respeto y rechazan la violencia, mantienen vivas de forma sutil prácticas machistas y refuerzan valores patriarcales relacionados con el dominio, el protagonismo y la competitividad. No se feminiza o *queeriza* la masculinidad. Reconfiguran las características que construyen la masculinidad y la feminidad de manera relacional, manteniendo el binarismo de género. Se mantiene la fuente de la desigualdad. Así conservan un espacio reservado para la verdadera hombría, descartando aquellos atributos que han dejado de servir para mantener su hegemonía.

El adjetivo «nuevas» les permite performar una ruptura con el pasado (machista), apoyándose en el mito del progreso de que todo lo nuevo es mejor. Así estas nuevas masculinidades se engendrarían al calor de los nuevos valores progresistas, pero en realidad se adecuan a nuestro contexto liberal capitalista, globalizado e individualista. Pensándolo bien, ¿no ocurre acaso lo mismo con las masculinidades más recalcitrantemente antifeministas? Podrán ser nostálgicos de un pasado inconcreto en el que la mujer era sumisa y el hombre poderoso, pero **surgen en respuesta a nuestro contexto actual y se popularizan en base a los nuevos lenguajes de redes sociales.** La masculinidad no es natural ni fluye desde nuestra biología, es un constructo cultural en constante mutación. Concederles adjetivos como masculinidad tradicional a estos *podcasters* es, en parte, comprarles el relato, y en parte, aceptar que existe una esencia ahistórica de lo masculino que ellos pretenden recuperar. Su discurso también está atravesado por la actualidad porque respiran en ella. Si son una respuesta reaccionaria al auge feminista, ¿por qué no llamarlo *nuevas masculinidades reaccionarias?*

La crisis del orden de género no proviene solo del feminismo. No solo se trata de que la imagen del «hombre proveedor» haya sido cuestionada, sino que si los salarios apenas son capaces de cubrir los costes de manutención, de reproducción de la propia vida, menos aún el coste de alimentar a mujer e hijos. A los hombres nos prometieron que encontraríamos nuestro sitio en la economía meritocrática gracias a nuestro empeño y esfuerzo, pero, al igual que la figura del padre de familia, la del hombre hecho a sí mismo también resulta inalcanzable para la mayoría. Esto genera sentimientos de privación, de agravio, de humillación. De injusticia, porque lo natural es lo justo, y el orden de género patriarcal está naturalizado. De aquí brota la rabia de muchos hombres. Una rabia profunda y sincera, pero que se basa en un análisis distorsionado e ilegítimo de la situación.

Los hombres blancos que dirigen su rabia contra las feministas, las personas *queer* o los hombres racializados que vienen a por «sus» mujeres, se equivocan de objetivo. El responsable es un ideal de masculinidad que, incluso cuando cumple sus promesas económicas, nos hace sentir solos e incapaces emocionalmente y que, cuando no las cumple a pesar de nuestros esfuerzos, nos frustra y genera la necesidad de encontrar un chivo expiatorio.

Si en las mujeres la crisis del orden de género se manifiesta como una posibilidad de emancipación, una rabia que motiva la organización contra el patriarcado, en los hombres toma la forma de una angustia. Porque cuando alguien se encuentra oprimido tiene algo por lo que luchar. Sin embargo, los hombres no parecen tener un conflicto claro que les sirva de motor, sino más bien una sensación de vacío. **A pesar de que se mantienen muchos**

de sus privilegios, pocos hombres hoy en día pueden sentirse poderosos a título personal. Este es el contexto del que nacen las *nuevas masculinidades reaccionarias*. Los *influencers masculinistas* no recuperan nada en abstracto, sino que reconfiguran los atributos patriarcales para un nuevo contexto. El efecto de la crisis no es una devaluación sino una revalorización de la masculinidad, **la hace más productiva económica y simbólicamente como refugio identitario,** pilar asociado a la estabilidad. Ante la ausencia de sensación de control y poder personal, ofrecen fantasías de poder. Ante la precariedad, más meritocracia en forma de consejos sobre cómo hacerte rico y cultura del esfuerzo. Ante la presión estética en redes sociales, un cuerpo de gimnasio. Ante la crisis de salud mental, un falso estoicismo emocional basado en el autodominio. Ante el feminismo, un chivo expiatorio: las *feminazis*. La culpa no sería de Las Mujeres sino de las mujeres corrompidas, las que odian a los hombres. Mujeres feas, quejicas, mezquinas y rabiosas, que comen la cabeza a otras mujeres para que dejen de sentirse a gusto con ellos y sus comentarios, con las aficiones propias de las mujeres, con que les guste cocinar para sus novios y tener detalles con ellos. Ante hombres que desean tener novia pero no saben cómo interaccionar con ellas, se responsabiliza al feminismo.

Esta antagonización revela su visión competitiva de los derechos, propia de la lógica patriarcal. La defensa reaccionaria de sus privilegios toma la forma de una reacción rabiosa, cimentada en la idea de bandos y en la supuesta amenaza constante del feminismo. La deconstrucción del propio privilegio siempre es más difícil, te hace sentir culpable y te carga con responsabilidad hacia otras personas.

La inversión es representar al oprimido como la amenaza, te victimiza validando tu dolor. Para los *masculinistas*, la sociedad es competición, un campo de batalla en el que todo puede ser una amenaza. Ante ella, un hombre tiene que endurecerse. Emocional y físicamente. Hoy los gimnasios son posiblemente el principal espacio de producción de la ideología neoliberal. Centros donde se ficha, echas tus horas para hacerte a ti mismo y obedeces estrictas rutinas para no ser «vago» y, así, «ver recompensado tu sacrificio». La producción del cuerpo no acaba en el gimnasio sino que te acompaña a casa, a tu vida diaria, donde te sometes a una serie de hábitos de dieta inflexibles y suplementos proteicos o químicos. Levantarte a las 5 de la mañana, rutina de ejercicios y de cuidado corporal, ducha fría. Se acude al gimnasio a forjar un cuerpo concreto, pero también para cumplir un ritual con el que convencerte casi tanto o más a ti mismo que al resto, de tu valía, fortaleza y disciplina. Hay una capa subyacente en esta búsqueda de sensación de poder: producir alivios y calmar malestares. Es la versión *masculinista* (aunque también adoptada por algunas mujeres) de la cultura terapéutica y del autocuidado, más feminizada. **Responde a necesidades emocionales profundas del tipo que los hombres desprecian en público y dicen no tener.**

Los *masculinistas* entienden el mundo como una jungla donde solo el individuo que domina sus emociones y que compite y proyecta mayor fuerza puede sobrevivir. Nadie es esencial, hasta tus amigos son prescindibles. Es, en realidad, una interpretación no del todo errada del funcionamiento del capitalismo. De hecho, personajes como Andrew Tate ya han señalado que una relación salarial es una de subordinación, de esclavitud moderna pero, frente a ello, ¿qué emancipación proponen? Nuestra tarea es conseguir que su reto no sea pasarse el juego del capitalismo a nivel individual, sino superarlo a nivel colectivo. Algo sustancialmente más ambicioso. En vez de la independencia meramente rebelde, la lucha colectiva realmente revolucionaria.

Para ello, podemos tratar de canalizar esta crisis de género masculina lejos de la automejora y los espacios fascistas. La clave está en volver a la raíz: el vacío existencial. **Ante la pérdida de sentido y motivación que supone vivir en un sistema en crisis, ofrezcámosles algo más grande que sí mismos en lo que poder proyectarse.** Un horizonte colectivo movilizado por una rica red de relaciones interpersonales. Un proyecto político que les interpela a participar activamente y no como meros discípulos de figuras mesiánicas que les alumbran el camino. Un lugar en el que realmente alcanzar a hacerse a sí mismos precisamente por colectivizar esa tarea.

Frente a los gimnasios capitalistas, gimnasios de libre acceso en centros sociales. Espacios mixtos en los que entrar en contacto con mujeres en términos de radical igualdad, con personas *queer* organizades en los movimientos sociales. Espacios con garantías donde toda violencia machista será gestionada desde los principios de mediación y reparación. Deconstruir la masculinidad requiere de la colectividad. Escuchar aquellas voces que no escucharíamos, ver su fuerza y compartirla codo con codo desde la camaradería que solo otorga el compartir frente. **La masculinidad no es una esencia biológica ni un tumor extirpable.** No hay cura milagrosa, solo lucha colectiva y pico y pala.

Suyo es el asco y el miedo, nuestra es la rabia

La línea de metro de Harlem. Me agarro a la manga de mi madre. Olor húmedo de las ropas invernales, el vagón pega bandazos. Mi madre avista un sitio casi libre, empuja hacia él mi pequeño cuerpo enfundado en ropa para la nieve. A mi lado una mujer con sombrero de piel me mira fijamente. Sus labios se tuercen mientras me observa, luego baja su mirada, arrastrando la mía. Con un movimiento brusco, se acerca el abrigo al cuerpo. No veo esa cosa horrible que ella ve en el asiento, entre nosotras... una cucaracha, probablemente. Pero me ha contagiado su espanto. Por la manera en que mira, deduzco que ha de ser algo muy malo, así que yo también tiro de mi anorak para retirarlo de allí. Levanto la vista y veo que la mujer continúa mirándome fijamente, con las fosas nasales y los ojos muy dilatados. Y de pronto me doy cuenta de que no hay ningún bicho arrastrándose entre nosotras; a quien no quiere que toque su abrigo es a mí. Está sucediendo algo que no comprendo, pero nunca lo olvidaré. Sus ojos. Las fosas nasales dilatadas. El odio.

Audre Lorde, *Eye to Eye*, 1983

Tienen miedo de hablar con una chica. También tienen miedo de los okupas. Tienen miedo de los migrantes. Miedo de los niños migrantes. Miedo de los gitanos. Miedo de sus vecinos. Miedo de los trans. Miedo de los gais. Miedo de los profesores. Miedo de los comunistas. Miedo del espectro de ETA. Miedo de la Agenda 2030. Miedo de las vacunas. Miedo de las ciudades de 15 minutos. Miedo del transporte público.

Si aún seguís por X quizás os habréis cruzado con una de esas imágenes creadas por IA donde aparece una niña muy blanca y rubia rodeada de hombres árabes muy peludos de mirada lasciva. Si bien en ocasiones representan una calle o un parque infantil, la mayoría toman lugar en el transporte público. Es bastante evidente el marco: «lo público ya no es tuyo; está contaminado». **La extrema derecha comunica con un cóctel de miedo y asco que busca una repulsión visceral ante lo que se percibe como impuro o amenazante.** Opera en dos niveles: físico (cuerpos racializados como sucios, peligrosos) y simbólico (lo «ajeno» corrompe la pureza de lo «nuestro»). Antaño los nazis retrataron a los judíos como ratas, hoy el sionismo dibuja a los palestinos como cucarachas a las que aplastar. La misma estrategia de deshumanización pero ahora viralizada con bazof-IA digital.

Las crisis sacuden los fundamentos de una sociedad, atacando de raíz a la manera en la que se narran: sus principios, valores, ideales… La pérdida de estos referentes a menudo anima a proyectar en la historia lo que querríamos en el presente. En los periodos convulsos, cualquier tiempo pasado nos parece mejor. Pero esos son tiempos que no representan ninguna realidad concreta sino los deseos de evasión de quien los narra. Se fabrica un pasado higienizado, emborronando la miseria y represión, con el que evocar una nostalgia productiva para ciertos discursos. ¿Qué tiempos mejores? ¿Los tiempos en los que la heroína reinaba en los barrios obreros? ¿Los despidos multitudinarios durante la desindustrialización de Felipe González? ¿El franquismo? No hay pasado al que volver, pero **cuando no parece haber futuro, cualquier pasado nos satisface.**

Sin embargo, el pasado idealizado altera también la manera en la que comprendemos el presente. Si el pasado era ese ideal de jóvenes parejas accediendo a su primera hipoteca, padres de familia sonrientes llevando a sus hijos al colegio, trabajo garantizado... ¿Qué tenemos ahora? **A todo discurso de idealización del pasado le acompaña otro de degeneración.** Las narrativas de la degeneración se construyen a menudo desde discursos en los que las élites y las masas se han adormecido en su grandeza, han perdido los valores que les orientan, que erigieron su opulencia. La derecha de internet se regodea con un meme sobre la caída del Imperio romano, pues ese es el espejo en el que se mira para comprender la presunta *degeneración de Occidente.* Dice: los tiempos difíciles forjan hombres fuertes, los hombres fuertes construyen tiempos prósperos, de los tiempos prósperos nacen hombres débiles, los hombres débiles engendran tiempos difíciles.

Estas narrativas pueden adoptar cierta forma de reproche contra las élites. La acusación de que los movimientos sociales están financiados por el millonario húngaro George Soros *(casualmente* judío) implica una negación de la acción colectiva: los avances sociales no se deben al poder popular sino a que están organizados desde arriba por las élites. Pero, a pesar de su discurso populista, los fascistas no tienen en el punto de mira a las élites, a las que realmente quieren volver a encumbrar. El problema de las élites es que se han debilitado, ya no están a la altura de su papel aristocrático. ¿Y quién se ha aprovechado de ese descuido? Los enemigos que han sabido infiltrarse en las brechas, ellos han carcomido las raíces del sistema y han puesto en peligro el sueño de opulencia para llevarlo hacia la degeneración. Son los *degenerados,* es decir, aquellos para los que la degeneración no es un momento sino una cualidad, una identidad degenerada. Los degenerados pueblan las televisiones, los colegios, el Estado. Los degenerados son por una parte enclenques, débiles, pero también poderosos, insidiosos, se infiltran en cualquier parte, se propagan, provocan contagios sociales. Y es que no es casualidad, pues en la lógica de la degeneración, la diana no es lo más importante sino el construir chivos expiatorios. **Chivos expiatorios que tienen cara y nombre (las personas trans, los MENAs, los okupas, etc.) pero que van mutando según el momento y la oportunidad.**

Cuando permea la lógica de la degeneración, no solo se consigue construir el pasado glorioso que hemos descrito, los tiempos míticos, sino que también se **ofrece una posibilidad de salvar el presente.** Entonces, el periodo de crisis que hemos descrito es un momento, un mal momento sin duda, pero solo un mal momento, un mal sueño, una brecha, un descuido... Una excepción. Y los momentos excepcionales requieren de soluciones excepcionales: el estado de excepción. Un momento en el que se permite temporalmente cualquier medida excepcional para afrontar la amenaza pero que a menudo acaba asentándose.

El discurso de la degeneración aporta una respuesta sencilla y asimilable a lo que a menudo es una situación compleja, estructural, que resulta más difícil de explicar y que (sobre todo) confronta las promesas incumplidas del sistema. Por lo que el discurso de la degeneración sigue una estructura simple. Infiltra el miedo ante la incertidumbre. Convierte la incertidumbre en asco. **Y ante** el asco, ofrece como solución la higiene, una política de la erradicación: señalar a los elementos conflictivos para desincentivar cualquier acto de empatía con ellos, aislarlos en comunidades fáciles de controlar y, llegado el momento, eliminarlos. Para ello se elevan a líderes que prometen limpiar la nación y devolverla a un pasado ficticiamente puro.

La izquierda también puede caer en una lógica de la degeneración. El discurso contra las élites fácilmente puede inspirarse en arquetipos antisemitas. Se puede construir un odio de clase basado en imágenes de ricos narigudos, pedófilos, obesos o asquerosos en sus excesos. También el feminismo puede nutrirse del asco y del odio al esencializar el género con imaginarios como el «hombre-neandertal». O ironizar hablando de «lágrimas de hombre» para describir cómo se molestan o victimizan. La idea de la «polla violadora» traslada un legítimo sentimiento de repugnancia ante las agresiones sexuales. Pero también está cargada de una pulsión higienista. La imagen de la polla violadora ha ayudado a construir la imagen amenazante de las mujeres trans como hombres disfrazados que profanan los vestuarios.

La construcción del discurso feminista transexcluyente, al igual que su rabia, está muy empapado por el odio y el asco. Las TERFs sienten rabia, boicotean actos de *drag queens,* increpan a personas trans. La rabia de estas feministas en su mayoría liberales, académicas y de clase media trata de responder a un momento en el que perciben que el feminismo está bajo asedio. Tienen miedo y ante el miedo resquebrajan el feminismo señalando a las personas trans como «caballo de troya» contra el movimiento. Su asco no es solo tránsfobo, sino clasista, pues tiene por chivo expiatorio a algunos de los sujetos más vulnerables y precarizados.

El asco es pequeñoburgués porque tiene esa cualidad de huir de lo que mancha, de querer distinguirse de los que están por debajo, de temer la pérdida de estatus por codearse con las personas equivocadas. Ninguna rabia construida desde aquí puede ser liberadora. Nosotras hemos de construir otra rabia. **No queremos construir rabia desde el asco, no promulgamos la violencia higienista. Hay otro tipo de rabia, que brota desde otra fuente: el sentimiento de injusticia.** La indignación ante una estructura injusta que nos daña, a uno mismo o a los demás. Si bien puede originarse desde lo individual y puede personalizarse en un rostro concreto, al enfrentarse a una desigualdad social no se queda en el ego: sirve de señal que visibiliza ante el resto de afectados que hay más agraviados por esa injusticia. La clave más importante de esta rabia es que busca resolución, está orientada hacia la transformación y el cambio social. Pero no mediante la erradicación del otro. Una vez terminó la Revolución china, el exemperador no tenía fuerzas ni apoyos. Pasó el resto de sus días trabajando de jardinero. Mientras el fascismo promueve el odio contra características e identidades personales, perdurables, nuestra rabia se dirige a la clase. Una vez derrocados de su posición social de dominio, nada nos mueve al odio. Nuestra rabia empieza y termina con las estructuras de poder.

Cuarta parte:
Un mundo en llamas

Crisis y Urgencia

Vísteme despacio, que tengo prisa.

Refranero popular

¿Qué puedo decirte que no sepas ya? Tus ojos, tu piel, tu cuerpo sienten las consecuencias de la crisis ecosocial. Muchos menos insectos que cuando eras pequeño, temperaturas desbocadas, sequía y después lluvias torrenciales. Lo que no hayas vivido lo has escuchado. Una reducción de más del 70 % de la población animal en los últimos 50 años. El Ártico deshaciéndose mientras en Pakistán y Bangladesh miles mueren ahogados y millones se ven forzados a desplazarse por inundaciones. Incendios cada vez más frecuentes e intensos, devorando árboles, animales y ciudades a su paso. La alarmante y creciente invasión de microplásticos dentro de nuestros organismos: los últimos estudios apuntan a que acumulamos siete gramos solo en el cerebro, el equivalente a un sobre de azúcar para café en microplásticos que ahora mismo acompañan tus pensamientos.

La subida del nivel del mar, la escasez de agua y de alimentos, la proliferación de enfermedades, las temperaturas infernales y el resto de consecuencias de esta crisis las sufren primero y de forma más intensa los pobres. Quienes no pueden pagarse el aire acondicionado, quienes viven en países sin capacidad de construir infraestructura como sistemas de diques. Sabes cómo responderán los ricos y poderosos ante los desposeídos de la tierra que necesiten socorro o refugio de la catástrofe. Lo sabes porque ya se está ensayando: sangría del estado de bienestar, fronteras militarizadas, guerras imperialistas por el control de recursos y limpiezas étnicas y genocidios.

Podríamos responder de otra manera. El músculo económico y tecnológico de la humanidad podría planificar la evacuación de los millones de refugiados climáticos, restaurar ecosistemas y actualizar la producción agrícola para asegurar el suministro de comida para todos. Podríamos desarrollar las tecnologías ya existentes para abandonar los combustibles fósiles y capturar parte del carbono ya emitido. Podríamos hacer muchas cosas pero, al contrario, se sigue pisando el acelerador. ¿Por qué? Porque la alternativa no produciría crecimiento económico.

El capitalismo es una megamáquina que ordena nuestro mundo finito con la pretensión de un crecimiento económico infinito. Todos los recursos naturales, las vidas animales y humanas, son factores de producción que deben engrasar la máquina para asegurar su imperativo de crecimiento. La explotación de la vida de los subalternos y el saqueo de las tierras colonizadas genera un flujo de riqueza hacia las manos de unas pocas personas en el núcleo imperial.

Para que la extracción de beneficios fluya de forma constante, a costa del sudor y sangre de la clase trabajadora global se le da forma de mercancía a los recursos esquilmados. La mayoría son baratijas de baja calidad diseñadas para tirarse tras un uso o para romperse tras unos pocos, lo que asegura que sea necesario su reemplazo. Su producción y consumo degrada tierra, agua y aire, envenena nuestros cuerpos y los de los animales, además de alterar la composición de la atmósfera. **Mientras haya capitalismo, habrá explotación y degradación. Es como un vampiro que necesita que este flujo no pare nunca, necesita crecer infinitamente para pagar las deudas con las que se ha construido.** Su voraz apetito por materias primas no deja de alcanzar niveles sin precedentes: solo entre 2016 y 2023 se extrajeron más toneladas de materiales que en todo el siglo XX.

Tanto las grandes petroleras como el Gobierno de EE. UU. sabían durante décadas que las emisiones de CO_2 causarían un peligroso cambio climático. Trataron de ocultarlo, pero la evidencia fue abriéndose camino. Para contrarrestarlo, a partir de los años 80, se invirtieron miles de millones en una maquinaria de negación similar a la que minimizaba los riesgos del tabaco. Pero como buenos publicistas, sus campañas segmentan el mensaje según el público objetivo para conseguir el mismo fin, que es evitar a toda costa una transformación radical del modelo capitalista fósil. Así nace el *obstruccionismo,* una versión suavizada de la negación que minimiza las dimensiones existenciales de la crisis y pospone las necesarias transformaciones económicas. Entre sus tácticas destacan el conceptualizar la crisis ecológica como inevitable e irremediable buscando la apatía y el derrotismo, el énfasis en los inconvenientes de otras fuentes de energía, la *sosteniblablá* con medidas cosméticas para empresas como la compensación de carbono o la más insidiosa de todas: la redirección de responsabilidad hacia elecciones individuales. Todos conocemos el concepto de tu huella de carbono personal (la cantidad de CO_2 que emites con tu consumo) gracias a la campaña de British Petroleum que promocionaba masivamente este concepto para desviar el foco del problema hacia el individuo. Así se consiguió que socialmente se descuidara el enfoque de la acción colectiva, que puede afectar a las operaciones de la empresa mediante cambios legislativos y, potencialmente, transformar el sistema productivo en su conjunto. Reducir nuestro impacto ambiental personal es loable, necesario y además aminora los tiempos de la crisis, aumentando el margen de tiempo que tenemos para lo político. **Pero nuestras elecciones individuales de consumo no pueden evitar la catástrofe climática.** Para lograrlo necesitamos organización política que traiga transformaciones económicas y políticas estructurales. Solo la acción colectiva puede superar el marco capitalista del crecimiento infinito, marco destructivo e insostenible en un planeta finito y, por ello, con recursos agotables.

Si el reciclaje no funciona como sistema de gestión de residuos no es por la pereza o falta de concienciación de la gente, sino porque su función estructural tiene más que ver con desplazar la responsabilidad que en reducir y reutilizar los residuos. No se quiere diseñar e implementar una economía circular. ¡Ni siquiera se persigue la obsolescencia programada! Nos abren e indican una vía individual en la que volcar nuestra energía y preocupación por la crisis climática, y cuando año tras año la situación empeora a pesar de cualquier esfuerzo personal, emerge la frustración y la apatía hacia un problema que parece irresoluble. Y cuando este sistema depredador y la propia crisis climática engendran monstruos como la pandemia, la DANA, la invasión de Ucrania o el genocidio en Palestina, **lo inmediato hace que lo inminente pase a un segundo plano. Nos centramos en apagar esos fuegos, nos ponemos a la defensiva y lo sistémico se normaliza y deja para después.** Como veremos, la clave está en la conexión de luchas, en comprender estas crisis dentro de la gran crisis ecosocial y enfrentarnos a ella construyendo frentes amplios.

La crisis se acelera. Los científicos climáticos, que no querían ser tildados de alarmistas, siempre han modelado escenarios con rangos de probabilidad amplios que permitían lecturas comedidas. Hoy estamos llegando antes de lo previsto a consecuencias aún más críticas. Algunas pueden generar un efecto dominó, como el deshielo del Ártico que libera grandes cantidades de metano y ello acelera a su vez el calentamiento global. Es normal sentir miedo. Pero si el asco es la emoción del fascismo, el miedo es la emoción de los conservadores. Paraliza. No aspira al cambio. La *ecoansiedad y ecotristeza* pueden llevar a actitudes catastrofistas, apocalípticas o simple y llanamente pesimistas. Se trata de un combustible perfecto para adoptar lógicas nihilistas por las que renunciar a organizarnos contra el sistema que pone en jaque nuestras vidas, y buscar, en cambio, aprovechar «el tiempo que nos queda» evadiéndonos de la realidad. El movimiento climático surgido desde el 2019 ha tratado de evitarlo dando forma de rabia, pero sobre todo de urgencia, a ese miedo. Un estudio de 2023 y otro de 2024 avalan que la rabia es la emoción más relacionada con la implicación en el activismo climático. Lemas como «Amor y furia», pero también un marcado sentido de la urgencia son centrales en la estética y discurso de organizaciones ecologistas radicales como Extinction Rebellion: «¡Si no actuamos ya, nos extinguimos!».

Pero este *urgentismo* lleva al movimiento a priorizar el tratar de convencer al público y al Estado de la necesidad de aplicar reformas necesarias y de sentido común, como eliminar los subsidios públicos a los combustibles fósiles. Con ello, se corre el peligro de entrar en un bucle irreflexivo de acciones performativas que buscan alertar y concienciar. En una estrategia teatral inmediatista orientada a asegurar cobertura mediática para así presionar y teóricamente conseguir las medidas urgentes. Sin quererlo, una organización compuesta por militantes concienciadas de la raíz sistémica de la crisis, de que «o acabamos con el capitalismo o este acaba con nosotras», adopta formas y lógicas de *lobby*. Las organizaciones del ecologismo radical tienen que ser más que eso, tienen que querer más que eso. Ambición revolucionaria, queremos cambiarlo todo. Eso nos exige planificación a medio y largo plazo, organizarnos en frentes amplios y, en el presente, actuar sostenida pero contundentemente.

¿Por qué atacar cuadros es mala idea?

Protestar es cuando digo que algo no me gusta. Resistir es cuando me encargo de que lo que no me gusta no vuelva a suceder.

Ulrike Marie Meinhof se la atribuye a un militante del Black Power en From Protest to Resistance, 1968

La crisis climática nos exige actuar con urgencia. Pero esto nos exige también actuar con inteligencia, en base a una estrategia y horizonte ambicioso, precisamente porque no hay tiempo que perder con acciones mal dirigidas. No basta con gritar, no basta con romper cosas. ¿A quién o a qué dirigimos nuestra rabia? ¿Qué objetivos debe elegir un movimiento social para realizar una acción protesta? Porque no es lo mismo atacar un bodegón en un museo que tumbar una estatua de Colón. No es lo mismo lanzar pintura a un retrato histórico que bloquear una mina de carbón. La elección del objetivo no es un detalle menor y debe tener en cuenta las circunstancias del movimiento y del momento. Hablemos de por qué atacar cuadros puede ser tanto buena como mala idea.

Empecemos por el principio. O, mejor dicho, por las sufragistas. En 1914 llevaron a cabo una serie de ataques contra obras de arte en museos y galerías. Una de sus

víctimas más conocidas fue *La Venus del espejo* de Veláz-
quez, en la National Gallery de Londres, cuya tela rasga-
ron con un cuchillo. No atacaron cualquier cuadro sino
uno de los desnudos más conocidos de la historia del
arte. Era un atentado simbólico contra lo que consideraban un símbolo de la opresión patriarcal: el arte, la cultura, el patrimonio de una sociedad que las objetivizaba,
excluía y tutelaba. También es importante resaltar que
las sufragistas no se limitaron a atacar cuadros. Practica-
ron una gran diversidad de tácticas: huelgas de hambre
y manifestaciones, además de sabotajes y ataques incendiarios. Sus acciones mantenían viva la conversación pública a la vez que eran una amenaza real para el Estado.
**Los controvertidos ataques a los cuadros formaban par-
te de una estrategia más amplia de desobediencia civil
y resistencia.** No eran actos performativos aislados, sino
una pieza más en un rompecabezas de rabia organizada.

Avancemos un siglo. Grupos de ecologistas radicales
como Just Stop Oil en el Reino Unido y Futuro Vegetal en
España han optado por acciones directas performativas
para llamar la atención sobre la emergencia climática. Y,
de nuevo, los cuadros han estado entre sus objetivos. El 14
de octubre de 2022 Just Stop Oil saltó a los titulares cuando dos activistas lanzaron sopa de tomate sobre el famoso
cuadro *Los girasoles* de Van Gogh, también expuesto en la
National Gallery de Londres. La acción, que no dañó la
pintura gracias a su protección de cristal, buscaba denunciar la inacción ante la crisis climática. «¿Qué vale más, el
arte o la vida?», preguntaban los activistas. Un mensaje po-
tente, sin duda. Pero, ¿fue efectivo? ¿Para qué objetivos?

Poco después, en España, Futuro Vegetal replicó la acción. Dos activistas se pegaron con pegamento industrial

a los marcos de *Las majas* de Goya en el Museo del Prado. Dejaron escrito en la pared el mensaje «+1,5°», una referencia directa a la alarmante declaración de la ONU sobre la imposibilidad de mantener el calentamiento global por debajo de 1,5 grados respecto a los niveles preindustriales. Este crítico umbral ha sido oficialmente superado en 2024. Al igual que Just Stop Oil, la acción de Futuro Vegetal supuso una ruptura de la normalidad que generó un impacto mediático enorme. Pero también un rechazo masivo.

Estas acciones, aunque bienintencionadas, pueden tener un efecto contraproducente. Sí, consiguen visibilidad. Sí, generan debate. Pero el debate no gira en torno a la crisis climática, sino en torno a la legitimidad de atacar el patrimonio cultural. Y eso es un problema. Porque cuando la gente ve a unos activistas lanzando sopa a un Van Gogh o pegándose a un Goya no piensa en el cambio climático. Piensa que se está atacando a algo que, en teoría, es de todos. El arte, la cultura, son instrumentos fundamentales en la construcción de la identidad nacional, negociar la memoria colectiva y generar un *nosotros*. Atacar a un cuadro hiperconocido te asegura portadas en nuestra sociedad del espectáculo, pero también te asegura el rechazo de la mayor parte del público. Un rechazo que, en lugar de sumar nuevos simpatizantes, aliados o incluso militantes de la causa ecologista, puede alejarlos del movimiento. Si bien la recepción pública no es el único baremo para evaluar una acción política, sí revela cierta actitud de repliegue, de ensimismamiento. Parece nacer de la impotencia, ante la normalidad en un mundo en llamas, de querer sentir que se hace algo con impacto.

El gran problema de estas acciones es la desconexión entre el objetivo y el mensaje. ¿Qué tiene que ver Van Gogh y sus girasoles con el consumo del petróleo? ¿O Goya y *Las majas* con el cambio climático? Nada. Absolutamente nada. **Esta falta de conexión hace que la acción pierda fuerza. Porque la rabia, para ser efectiva, tiene que estar dirigida contra quienes tienen la culpa.** Y los cuadros no tienen la culpa de nada.

Ahora, comparemos estas acciones con otra: el ataque al retrato de Lord Balfour en la Universidad de Cambridge. El 8 de marzo de 2024, una activista de Palestine Action roció con pintura roja y cortó con un cuchillo un retrato de Arthur Balfour, el hombre detrás de la Declaración Balfour de 1917. Como secretario de Relaciones Exteriores del Reino Unido, Balfour emitió esta declaración, que apoyaba la creación de un «hogar nacional para el pueblo judío» en Palestina, documento fundacional del proyecto colonial sionista.

Aquí, la conexión entre el objetivo y el mensaje es clara. Este retrato de Balfour no es un cuadro cualquiera; es un símbolo del imperialismo británico y su legado colonial. La activista no estaba dañando un objeto cultural percibido como patrimonio universal, sino que apuntaba a un símbolo de la opresión del pueblo palestino. Y, aunque la acción también generó polémica, el mensaje era mucho más difícil de ignorar. **Irremediablemente las tertulias tuvieron que contextualizar la Declaración Balfour.** Así se divulgó para el público británico el papel histórico de su Estado en el presente genocidio y, con ello, visibilizó su responsabilidad histórica de pararlo. Es probable que ese renovado sentido de responsabilidad empujara a ingleses ya simpatizantes con el sufrimiento palestino a participar activamente en el movimiento. **Aquí no había una desconexión entre el objetivo y la reivindicación.** Aquí, la acción tenía sentido.

La lógica detrás de las acciones de Just Stop Oil y Futuro Vegetal es clara: la oleada de atención mediática pondrá en el centro del debate la crisis climática, lo que llevará a una concienciación ciudadana de la gravedad de la situación y eso obligará a los Gobiernos y a la industria a cambiar sus prácticas y legislación. Pero esta táctica tiene dos grandes inconvenientes.

En primer lugar, no se puede confiar en los grandes medios. Para generar debate y controversia, atención fundamental para su negocio, enmarcarán la acción siempre desde su versión más espectacularizada. Los medios criminalizarán a las activistas, que suelen retratar como fanáticas, especialmente si atentan contra la agenda de sus dueños y aquellos que se publicitan en ellos. Gracias a la prensa podemos llegar a mucha gente, pero no son nuestros aliados. Al planificar cualquier acción se debe tener en cuenta que el movimiento no tiene el control de qué imágenes escogerán, si emitirán fragmentos del discurso, si se contextualizará…

Pero más importante que el sesgo mediático es el hecho de que la conversación pública no tiene por qué obligar a los Gobiernos a cambiar nada, y mucho menos a las empresas. Las empresas pueden hacer cambios cosméticos si creen que afectará a las ventas. Pero hemos podido ver con la victoria de Trump y el giro reaccionario de los últimos años lo poco que han tardado esas empresas que se disfrazaban de ecologistas, antirracistas y pro-LGBT en retirar o incluso girar en sentido opuesto sus políticas cuando cambia el signo de los tiempos. Por otro lado, los Gobiernos pueden ser presionados a hacer ciertas reformas, sí. Pero la crisis climática demanda transformaciones tan radicales, tan fundamentales para el funcionamiento del sistema capitalista, que cualquier estrategia lobbística o dirigida a mover la opinión pública será insuficiente.

Necesitamos organizarnos en frentes amplios que supongan un verdadero contrapoder. **Las acciones protesta deben estar pensadas de manera que sirvan para estimular la conversación, sí, quizás divulgar también pero, en última instancia, que muevan a la gente a actuar políticamente, a organizarse.** Y para ello, señalar enemigos claros contra los que canalizar la rabia es muy útil. No basta con romper cosas; hay que romper las cosas correctas.

Quiero confesar algo.
Desde el primer momento,
la acción contra *Los girasoles*
de Van Gogh no me gustó.
Más bien, me molestó bastante.
Sabía que la gente iba a reaccionar
muy mal, sabía que era un mal objetivo.
Pero, claro, las comparaciones son odiosas.

Retrocedamos justo una semana antes
de que arrojaran la sopa de tomate.

Teslas en llamas y cemento en hoyos de golf

Son las 03:00 de la mañana. Estoy encima de un puente que conecta dos paradas de autobús en la carretera M-500, al lado de la más conocida M-30 de Madrid. Desde ahí arriba puedo avistar con tiempo los pocos coches que van y vienen. La altura y el ángulo también me permiten ver la garita y a su guardia, que vigila la entrada y probablemente las cámaras del Club de Campo Villa de Madrid. Protege más de 80 hectáreas de césped dedicadas exclusivamente al golf. En unas horas empezará aquí la primera jornada del torneo europeo de golf Open de España. En cierto momento, el guardia se levanta de la silla. Se me erizan los pelos. Pero solamente hace una especie de estiramientos en plan yoga y al poco, vuelve a sentarse a mirar la pantalla de su ordenador. Recuerdo sentir empatía por él, esperar que no le carguen la culpa. No la tiene. Pero lo que más sentía entonces era miedo y nervios, muchos nervios. En un momento estiré el brazo para comprobarlo. Me temblaba la mano. Estar pendiente de vigilar, el rol de pipear, *es de los de más bajo riesgo que hay en una acción. Pero era mi primera vez y tenía el estómago hecho un nudo. Fue una noche tranquila. Cuando me fui de ahí estaba extasiado, el cerebro inundado de adrenalina y endorfina. El agotamiento llegaría más tarde, ya en casa, con tareas menos emocionantes pero importantes como editar el vídeo, enviar la nota de prensa y empezar la difusión en redes. La respuesta social fue inmediata. El apoyo, total. Gustó mucho el manifiesto y su título, «Un lujo que no nos podemos permitir».*

Un lujo que no nos podemos permitir

Club de Campo Villa de Madrid, 6 de octubre de 2022
Cada uno de los agujeros que hemos tapado con cemento engulle diariamente más de 100.000 litros de agua, ya que este campo de golf goza de 4,5 hectáreas de césped por hoyo. Mientras Europa sufre las peores sequías de sus últimos 2110 años, en España se riegan cada día 437 campos de golf. Esto supone anualmente un consumo de agua superior al de las poblaciones de Madrid y Barcelona juntas, para un entretenimiento que solo disfruta el 0.6 % de la población.

El golf es un lujo que no nos podemos permitir.

Acciona patrocina el Open de España alardeando de que contribuirá a la descarbonización del planeta al premiar al ganador con una plantación de árboles en la Comunidad de Madrid. Cada vez más países y empresas están detrás de un falso discurso en torno al «cero neto» con el que en realidad pretenden seguir aumentando sus emisiones.

Desde Extinction Rebellion denunciamos que no es más que otra forma de *greenwashing* para que no cambie nada: una fantasía peligrosa que nos aleja de un futuro deseable en el que la reducción de emisiones se sitúe en el centro de la acción climática.

El crecimiento infinito en un planeta finito es un lujo que no nos podemos permitir.

Hay mucho por ganar en tiempo, salud y bienestar, pero afrontar la crisis climática y de agotamiento de recursos requiere reducir el consumo. De hecho, la mayoría ya lo estamos reduciendo, por convicción o forzadas por la precariedad. Pero esos límites que nos son cada vez más evidentes e inevitables son ignorados por los más ricos, que siguen aumentando su tren de vida. Mientras batimos récords de temperatura y se seca Doñana, el presidente de Andalucía reclama más agua para los campos de golf, futbolistas franceses se ríen cuando les preguntan si cambiarían su jet privado por un tren y empresarios estadounidenses lanzan cohetes al espacio para hacer turismo o con el macabro objetivo de huir del planeta cuando no sea habitable.

Los ricos son un lujo que no nos podemos permitir.

Esta crisis, que ha llegado para quedarse, supondrá una reducción del consumo, sí, pero puede hacerse en base a prioridades muy distintas. Si dejamos su gestión en manos del mercado, la reducción la sufrirán los sectores sociales más empobrecidos mientras se mantiene el derroche obsceno de muy pocos, como ya hemos visto en anteriores crisis. Solo si la ciudadanía forma parte de la toma de decisiones, con mecanismos democráticos como asambleas ciudadanas vinculantes, las prioridades fundamentales para la vida y el bienestar tomarán centralidad. Porque la reducción debe recortar siempre primero el exceso, algo a tener en cuenta en un país en el que tres personas tienen más riqueza que el 30 % más pobre.

(…) En Rebelión o Extinción nos vemos así forzadas a actuar, siguiendo los pasos de nuestras compañeras de Toulouse.

En el caso crítico del agua, recurso fundamental para la vida, tenemos que acabar con un entretenimiento nocivo y elitista como es el golf. De esta manera, te pedimos que te sumes a una demanda clara, democrática y significativa en la protección de nuestras reservas de agua con un mínimo sacrificio: exigir un referéndum para que la ciudadanía pueda votar si quiere prohibir el golf en España. La única manera de evitar que jueguen con este recurso básico es cerrarles el grifo. Demandemos que el pueblo sea quien decida y no el bulto de sus carteras.

La publicación en redes se volvió viral casi al instante. Bajo el vídeo se acumularon comentarios de apoyo a la acción. Nadie en este país respeta este deporte de pijos. Tampoco nadie era consciente de la magnitud de las cifras de su consumo de agua. En un momento de grave sequía, muchos afirmaban seriamente que debería repetirse la acción en el campo de golf cerca de su ciudad. Otros lo sugerían de forma cómica, «planazo de primera cita». La acción también se difundió mucho mediáticamente.

Se publicó en la *Agencia EFE* y *Onda Cero,* en periódicos desde *eldiario.es* hasta *El Mundo* y en prensa especializada como *MundoDeportivo* y *Diario AS.*

Era la primera vez que se hacía este modelo de acción en España, pero imitaba una hecha previamente en un golf en Toulouse. En los siguientes meses inspiró acciones similares a lo largo del Estado español. Entre ellas destaca la de la madrugada del 2 de julio, cuando de manera coordinada diversos grupos replicaron la acción en una decena de campos de golf de Barcelona, Madrid, Valencia, Vizcaya, Navarra e Ibiza. Al ser a cara tapada y difíciles de pillar *in fraganti,* dada la desmedida extensión de estos campos, ni un solo activista ha sido juzgado por ninguna de estas acciones.

Esta campaña contra los golfs consiguió enmarcar la terrible sequía por la que pasábamos en ese momento como consecuencia de la crisis climática, pero también como algo agravado por la gestión privativa de los recursos básicos para la vida. Al poner el foco en un lujo de la élite, el público respondía favorablemente. Vivimos en una época donde la contundencia es valorada. Es plausible pensar que mejoró la imagen generalizada de las ecologistas. Interpretadas a menudo como *hippies* ingenuas abraza-árboles, aquí demostraron que el ecologismo radical sí tiene conciencia de clase.

Los ricos y sus lujos son un buen objetivo para la agitación y propaganda ecologista. Pone el foco en la terrible desigualdad que marca nuestra época. El 1 % más rico posee más riqueza que el 95 % de la población mundial en su conjunto. Según un estudio de la OCDE publicado en 2025, los salarios reales en España han subido solamente un 2,76 % en los últimos 30 años, es decir, todo el aumento de la productividad de las últimas tres décadas ha acabado en el bolsillo de los empresarios. Los ultrarricos y sus conglomerados empresariales imponen las reglas del juego a su favor a costa del resto. Esta concentración de riqueza y poder imposibilita las transformaciones necesarias para lidiar con la crisis ecosocial.

Esta desigualdad también tiene su paralelo a nivel de emisiones: **el 1 % más rico contamina tanto como los dos tercios más pobres de la humanidad.** Los ultrarricos poseen diversas mansiones con sus correspondientes jardines, coches de lujo, helicópteros, jets privados y aeropuertos privados desde los que despegarlos. ¿Sabes lo que es un *superyate*? Es un yate de lujo que supera los 24 metros, pero si eres un ultrarrico que se precie tendrás uno mucho más largo (los hay de hasta 180 metros). Pueden tener su propio helipuerto e incluso contener algún yate más pequeño dentro, en plan matrioska. En el mundo hay unos 12.000 de estos superyates, aunque serán muchos más cuando este libro sea publicado porque es una industria en constante crecimiento. Si se mantienen las tendencias actuales, en 2030 el conjunto de sus emisiones será 2,5 veces mayor que las emisiones de CO_2 de toda Islandia, el segundo país con mayor consumo per cápita de petróleo. Por el momento, el uso combinado de superyates y jets privados de los 31 ciudadanos más ricos de la UE ya iguala las emisiones anuales medias de 13.393 ciudadanos de la Unión Europea.

Para la atmósfera es igual de nocivo cien kilos de CO_2 de la quema de carbón en una central térmica que ha calentado la casa de varias familias como cien kilos de CO_2 que han servido para mantener en el aire el jet privado de Taylor Swift. Esto es estrictamente cierto desde una perspectiva contable. Pero desde una evaluación social, ambas fuentes de contaminación son muy diferentes. La primera sería lo que llamamos *emisiones de subsistencia.* Por mucho que algunos nos esforcemos individualmente en reducir nuestro impacto, mientras sigamos en una economía basada en los combustibles fósiles la reproducción de nuestras vidas seguirá contaminando. En cambio, las emisiones de yates, mansiones, campos de golf y demás formas de opulencia no son necesarias para mantener la vida. Estas son las que llamamos *emisiones de lujo.* Eliminarlas no causará penurias.

Esto no va de unos recortes aquí o allá: el ecologismo debe afectar profundamente a todos los procesos industriales. Debemos lograr una transformación de lo existente para reducir drásticamente ambas fuentes de emisiones, con cambios de infraestructura para las de subsistencia (mejor aislación térmica de los hogares, electrificación y desarrollo de renovables...) y una eliminación de las de lujo. **Esa es la misión del** *decrecimiento:* **reducir la producción y las fuentes de contaminación mientras se garantizan buenos estándares de vida para toda la población.** De hecho, busca incrementarlos en todos los sentidos para quienes hoy el capitalismo es miseria absoluta. También mejoraría la calidad de vida de los trabajadores asalariados del norte global (más tiempo, socialización, descanso, salud...) a cambio de desacostumbrarse al consumo proveniente de industrias altamente contaminantes como la cárnica, la turística y la del *fast fashion.*

Hay críticas dentro del movimiento ecologista contra poner el foco en las emisiones de lujo. Problematizan que un discurso centrado en los ultrarricos puede subestimar la transformación radical a la que ha de someterse la base

148 La rabia es nuestra

económica y cómo ello afectará al consumo de la clase trabajadora del norte global. A pesar de estar de acuerdo con las premisas y el objetivo, sigo considerando que denunciar las emisiones de lujo sirve como puerta de entrada para estas demandas tan radicales. Cabe destacar que solo las transformaciones en el ámbito de la producción (fin de la obsolescencia programada, producción circular con la reparación en el centro, etc.) ya supondrían una reducción sustancial del impacto de nuestro consumo sin que ello requiera de un esfuerzo personal. Pero incluso aceptando que hay transformaciones que van a suponer un esfuerzo al tener un impacto en nuestro modo de vida tan basado en el consumo, nuestra comunicación política tiene que evaluar muy bien qué subrayar cuando presenta esta transformación necesaria. Décadas de discursos orientados hacia la responsabilidad individual han dado resultados muy magros para el ecologismo.

Si estamos de acuerdo en que el discurso debe destacar lo político, el cambio sistémico, debemos comunicar de forma que anime a la acción política. El sistema como ente impersonal, en el que encima participamos todas, presenta una dificultad comunicativa, y la tarea de transformarlo parece inabarcable en un contexto de realismo capitalista. Para eso, es muy útil un enemigo claro. La denuncia de las emisiones de lujo es una elección discursiva que parte de la lectura de nuestro contexto marcado por la desigualdad y por la desmovilización política. **Señalar a los ultrarricos, que son los máximos responsables de la crisis ecosocial y obstáculo de cualquier transformación económica, es un marco discursivo fuera del enfoque individualista que puede servirnos como aglutinador del**

frente amplio necesario para implementar esa transformación económica y política que irá mucho más allá de las emisiones de lujo. Incluso si desde el ecologismo se ignorara, la desigualdad seguiría ahí. La hipocresía seguiría ahí. Medidas tipo «las pajitas de cartón» mientras en la UE se sigue sin imponer impuestos al combustible de los aviones son nimias e incapaces de solventar la crisis. Ponen el foco en el último eslabón de la cadena de producción y consumo mientras se deja hacer en el resto. Si no lo denunciamos por lo que son, medidas postizas, dejamos que la derecha pueda retratarnos como mezquinos obcecados en hacerle la vida incómoda a la gente «de a pie» con imposiciones desde arriba, provenientes de los burócratas europeos. Su marco será el de desprestigiar la reducción del impacto individual como un pilar de la malvada agenda globalista que busca empobrecerte para controlarte.

Este tipo de medidas, como los tapones de plástico adheridos a las botellas para asegurar su reciclado, que tienen una utilidad, pero a la vez no dejan de ser cosméticas ante el carácter estructural de la crisis ecosocial, nos ponen en un aprieto discursivo. Si caemos en defenderlas a capa y espada solo porque sean criticadas por la derecha caemos en sus marcos del debate, si las rechazamos frontalmente estaremos ignorando que el necesario cambio profundo del sistema de producción y consumo también irá acompañado de este tipo de medidas. Debemos andar por una fina línea en la que denunciamos su insuficiencia sin cederle la articulación de la crítica a la derecha, que usarán para desmoralizar el resto de esfuerzos de mitigación y presentar al ecologismo como elitista e hipócrita.

Ante ese discurso, una buena manera de responder es salir de ese marco para entrar en otro que es más defendible y coherente con los valores y objetivos de un ecologismo radical. **Los jets privados pueden ser ante todo simbólicos, pero lo simbólico es importante. Precisamente porque lo son, envían un mensaje claro: no hay transición ecológica sin justicia climática.** Si no podemos cortar las emisiones más superfluas, ¿cómo vamos a llegar a las emisiones cero? La obscenidad e injusticia de las emisiones de lujo dan tanta rabia que abren camino a que, por lo menos en este caso extremo, un *sentido común decrecentista* se imponga al sentido común liberal consumista aún hegemónico. **Lograr que se acepte que, debido a su impacto ambiental, cierto consumo no puede quedarse en el ámbito de la decisión individual sino que necesitamos limitarlo socialmente, ya implica aceptar una lógica decrecentista.** De ahí, «solo» hace falta extenderla al resto de industrias altamente contaminantes (cárnica, textil, turística…).

La rabia contra las emisiones de lujo puede ser el combustible del decrecimiento. Nos anima a mirar hacia quienes continúan extrayendo combustibles fósiles e invirtiendo en megaproyectos destructivos, quienes defienden el *statu quo,* quienes ostentan lujos cuyas emisiones sabemos que matan a miles. Ellos son los responsables del *ecocidio.* Esta es la base discursiva de una serie de acciones que han proliferado en España y Europa durante los últimos años, en las que se pinta de rojo o negro los jets privados y superyates de las élites (como el superyate Kaos de la familia propietaria de Walmart). Estas acciones buscan construir una conciencia de clase ecologista mediante un acontecimiento viral que señala a los culpables de la crisis ecosocial.

Podemos encontrar un precedente a estas acciones, dirigido contra otro tipo de vehículo de lujo altamente contaminante, aunque bastante menos exclusivo: los SUVs, esos coches de gran tamaño y consumo de combustible con características de todoterreno pero que se usan en entornos urbanos. El movimiento Tyre Extinguishers *(desinfladores de neumáticos)* lleva años actuando descentralizadamente contra estos vehículos: desenroscar el tapón del neumático de un SUV, introducir una lenteja o piedrecilla, volver a enroscar y dejar un panfleto de aviso al conductor para evitar accidentes y explicar los motivos de la acción. Hay indicios de que esta campaña ha reducido temporalmente la compra de SUVs a nivel local. Su naturaleza memética, tan fácil de reproducir y difícil de perseguir legalmente, no la hace menos impactante como forma de generar un clima hostil para quienes están pensando en adquirir un SUV. El tipo de persona que quiere proyectar fuerza mediante un coche innecesariamente grande coincide con el que se sentiría muy incordiado al encontrar una mañana su autonomía y movilidad habitual reducida, teniendo que recurrir a un taxi o al transporte público.

Examinemos una última campaña de acciones contra un tipo de vehículo en concreto. Esta vez, no destaca por sus emisiones. De hecho, son coches eléctricos. Sí, son caros, pero el objetivo no son sus dueños, sino la empresa. Concretamente, el propietario de la empresa. 2024 fue el año de Elon Musk: encumbró un presidente mientras se convertía en la persona más rica no solo de la actualidad, sino de la historia (más que Rockefeller, más que el legendario Mansa Musa). Tras su secuestro a golpe de talonario de Twitter, su apoyo a Trump, su desmantelamiento de la

administración pública de EE. UU. con DOGE y su saludo
nazi, por fin el perfil de usuario de los coches Tesla (demócratas pudientes en EE. UU. y progresistas/ecologistas en otros países) perdió su admiración por el supuesto
genio-empresario.

Así empezó la campaña Tesla Takedown, cuyo lema
era «Vende tus Teslas. Deshazte de tus acciones. Detén
a Musk ahora». A este boicot lo acompañaban protestas
pacíficas frente a sus concesionarios. Pero pronto, otro
tipo de público, más rabioso, se unió a la campaña desde una interpretación más radical. Los concesionarios y
coches Tesla de todo el mundo empezaron a arder. Los
cócteles molotov contra Teslas, Cybertrucks y puestos de
carga no cayeron solo en EE. UU.: doce Teslas ardieron
en el ataque a un concesionario de Toulouse, siete en
Ottersberg (Alemania) y diecisiete en Roma, entre otros.
Meses más tarde, ya en junio, como forma de publicitar
una manifestación contra el auge fascista, en Catalunya la
Organización Juvenil Socialista cortó los cables de diversos puestos de carga de vehículos Tesla. La campaña Tesla Takedown fue un éxito. Tanto las ventas de coches a
nivel nacional e internacional como el valor de sus acciones se desplomaron. La desesperación era tal, que hasta
el propio presidente Trump puso su cuerpo exhibiendo
un Tesla frente a la Casa Blanca, mientras acusaba de terroristas a los perpetradores de los sabotajes.

Es indudable que estamos ante un auge de este tipo de
acciones. **Ante la crisis y el avance de la agenda reaccionaria con apoyo de los oligarcas, diversos agentes políticos
están escalando en sus formas. Son tiempos de rabia y
tiempos de sabotaje.** Por ello, es interesante diseccionar
este tipo de acciones, entenderlas, diferenciarlas. Antes

del Tesla Takedown, en marzo de 2024, el Grupo Volcano prendió fuego a un poste eléctrico de alta tensión que suministra electricidad a la gigafactoría de Tesla en Brandenburgo, que, en sus propias palabras, «depreda la tierra, recursos, personas y trabajo para vomitar 6.000 SUVs asesinos y *monster trucks* a la semana». El ataque paralizó la producción de la planta y supuso más de un millón de euros en costes de reparación. ¿Tiene sentido poner en el mismo saco este tipo de sabotaje con la acción en los campos de golf? ¿Parar una cadena de producción con tirar pintura a un yate o un cuadro?

¿Sabotaje de la producción o teatralización de la rabia?

Nos manifestamos, cortamos calles, montamos teatrillos, les hacemos llegar nuestras demandas a los ministros, nos encadenamos, nos volvemos a manifestar. Nuestro pacifismo sigue siendo perfecto e impoluto. Está aumentando el tono de desesperación en nuestras voces; ahora hablamos de extinción y de la ausencia de futuro. Sin embargo, la situación no deja de empeorar. ¿Cuándo vamos a escalar? ¿En qué punto admitiremos que ha llegado la hora de probar algo nuevo? ¿Cuándo combatiremos con nuestras propias manos todo aquello que consume nuestro planeta?

Andreas Malm, *Cómo dinamitar un oleoducto,* 2021

Andreas Malm encabeza una crítica fundamental al movimiento ecologista. Se nos acaba el tiempo, los resultados logrados son insuficientes y los Gobiernos y más aún las empresas han demostrado que no les mueven las apelaciones a la moral ni los datos científicos. La protesta, el instrumento por excelencia de un ecologismo centrado en lo simbólico e institucional, ha demostrado ser insuficiente. Por ello, Malm plantea una reconsideración de los objetivos y tácticas del movimiento ecologista llamando al sabotaje como forma de resistencia.

Su tesis se apoya en todo un historial del sabotaje como herramienta política de presión. Por ejemplo, la campaña iraquí del 2005 contra las empresas petroleras occidentales. Ante la indignación por la ocupación estadounidense y el proyecto de privatización de la principal fuente de ingresos del país, el petróleo, la resistencia iraquí decidió atacar de manera reiterada sus propios oleoductos. El clima de hostilidad hizo que cualquier inversión supusiera un gran riesgo, lo que ahuyentó a las empresas estadounidenses que pretendían beneficiarse de la explotación de los recursos iraquíes, asestando un golpe contra los intereses imperialistas que habían motivado la invasión. Existen antecedentes de acciones similares por parte de otros grupos. Por ejemplo, en Colombia, uno de los principales oleoductos del país lleva recibiendo ataques desde 1986 por parte del Ejército de Liberación Nacional. 1.500 perforaciones después, se le conoce popularmente como «la flauta».

Por supuesto, los sabotajes no son una herramienta política infalible. No son capaces por sí solos de superar el sistema capitalista. Pero sí **son disrupciones de la producción con efectos sobre su actividad económica.** Con ello, representan un atentado contra la sacrosanta propiedad privada en nombre de la cual se construye la explotación capitalista de todo recurso y vida en la Tierra. El régimen de la propiedad privada es el principal responsable de los problemas que afectan a la clase trabajadora como la crisis económica, el imperialismo o la explotación laboral. Por lo que **un sabotaje, al igual que una huelga, revela su vulnerabilidad.**

Una huelga no es un simple paro de la producción o una herramienta de presión. Las huelgas sirven a menudo a los trabajadores para tomar conciencia de las dimensiones de la cadena de producción en la que participan y la dependencia que tienen de su trabajo. El gesto de solidaridad que supone parar la producción ayuda a superar las divisiones internas que producen la especialización del trabajo, los horarios o las diferencias salariales. Al organizarse contra la empresa y demostrarse a sí mismos su capacidad de interferir colectivamente en la producción, los trabajadores también pueden tomar conciencia de clase y, con ella, conciencia de la necesidad de organizarse por un objetivo más grande que el cese temporal de la producción: la superación del sistema que les explota. Podemos argumentar que las huelgas, por tanto, guardan claras similitudes con el sabotaje. Suponen un golpe contra la producción, tienen un impacto económico sobre la empresa y alteran el «normal funcionamiento» de los centros de producción, lo que revela su cara explotadora y alienante. Pero el parecido no se queda ahí. En los entornos más hostiles a la huelga, su construcción y ejecución presenta patrones similares a los del sabotaje. Lo vemos en algunos conflictos laborales en Latinoamérica donde los sindicalistas reciben amenazas de muerte. Lo vemos en los Estados Unidos, donde las empresas contratan servicios «antisindicales» para impedir la formación de sindicatos, intimidar a sus integrantes y, llegado el momento, tratar de forzar el cese de una huelga. Ello requiere proteger la identidad y las actividades de las personas al frente de la lucha.

Tenemos un ejemplo análogo en España, la histórica huelga de la fábrica de Coca-Cola de Fuenlabrada. A lo largo de este conflicto laboral de 2014 a 2019, la empresa empleó todo tipo de tácticas para minar a los trabajadores organizados contra el cierre de la planta, incluyendo el acoso por parte de seguridad privada y el incumplimiento de las sentencias. Algunas de estas prácticas represivas se extendieron contra las Espartanas, las mujeres de los trabajadores, que tuvieron un papel fundamental en concienciar al conjunto de la sociedad del caso. El conflicto acabó en una victoria para los trabajadores, que lograron la ejecución de un elaborado plan para garantizar su empleo en otros centros de trabajo, así como el acceso a compensaciones económicas y planes de prejubilación.

El cierre de la fábrica de Coca-Cola es un paso más del largo proceso de desindustrialización del Estado español en pos de un sector servicios dominado por el turismo, que genera pingües beneficios para los empresarios pero precariza el trabajo y gentrifica los barrios. El modelo urbanístico de vivienda vacacional y proyectos de construcción turística desplaza a la población local como consecuencia de la subida de los alquileres. Si bien sus efectos consumen ciudades como Barcelona, la presión turística puede agotar islas como las Canarias y las Baleares debido a los límites propios de su naturaleza insular. El turismo devora una porción cada vez mayor de la actividad económica de estos archipiélagos, afecta severamente a la diversificación económica y, con ello, al abastecimiento y los precios. Los recursos de estas islas escasean mientras se dedican a abastecer a una población turística anual que multiplica por varias veces la local, apurando sus escasos recursos como denuncian los movimientos Canarias Tiene un Límite y Menys Turisme, Més Vida.

Las Canarias están marcadas por su historia de conquista y dominación colonial. Su economía dependía enteramente de monocultivos de productos para exportar (plátanos, azúcar, tabaco, etc.). Hoy, otro tipo de monocultivo está expandiéndose por la isla: brotan hoteles, Airbnbs, *renting* de coches... La industria turística se está desplegando como una verdadera maquinaria de guerra contra la población local. Un modelo económico imperialista en el que el 70 % de los beneficios abandonan las Islas mientras permanecen los empleos precarios, irregulares y abusivos. Todo esto ha impulsado un movimiento antiturismo que comienza a organizar a un sector amplio de la sociedad canaria, así como a coordinarse con el resto de movimientos sociales. Recientemente, la lucha de clases ha escalado con el uso del sabotaje.

En febrero de 2025, se prendió fuego a cuatro grúas mecánicas, maquinaria de construcción de un controvertido complejo turístico de inversión belga llamado «Cuna del Alma», dejándolas inservibles. El lugar donde se proyecta el hotel y más de 400 apartamentos de lujo se encuentra en una zona protegida por su biodiversidad y donde se han encontrado yacimientos arqueológicos guanches. El sabotaje, que no ha sido reivindicado por ningún grupo, ocurre ante la continuación de las obras a pesar de otras acciones protesta como huelgas de hambre y la recogida de más de 160.000 firmas en contra de destruir la playa de El Puertito de Adeje en Tenerife. Una semana más tarde se rompieron los cristales y se pincharon los neumáticos de una veintena de coches de alquiler turístico, una práctica cada vez más habitual en las Canarias. Podemos enmarcar estos sabotajes como actos de «desarmar» a los empresarios del turismo.

El desarme es el concepto de Les Soulèvements de la Terre (Levantamientos de la Tierra) para describir sus acciones contra las grandes empresas de la industria agroalimentaria. En los campos franceses se viene produciendo desde hace tiempo un proceso paulatino de concentración de tierras por parte de grandes corporaciones dedicadas a la exportación. Estas grandes explotaciones agrícolas requieren de una alta concentración de recursos para su rentabilización, acaban con las formas tradicionales de siembra y pastoreo y se mantienen con el trabajo precario de personas migrantes en régimen de irregularidad. Les Soulèvements de la Terre es una gran coalición de ecologistas y pequeños campesinos articulada alrededor de la cuestión de las *megabalsas*. Estas infraestructuras hídricas con gran impacto medioambiental acaparan los suministros de agua para estas grandes corporaciones agroalimentarias.

Puesto que las grandes empresas agroalimentarias y sus megabalsas suponen toda una declaración de guerra, el sabotaje es, por tanto, un acto de desarme. Además, los Soulèvements de la Terre han elevado el potencial de los sabotajes, logrando que no sean acciones organizadas solo por una élite activista. Alrededor de ellos se articulan unos campamentos que sirven como un momento de organización y convergencia política de frente amplio en los que los momentos de insurrección cumplen también una función de cohesión colectiva. El Estado francés es consciente del potencial de esta coalición por lo que no escatima en recursos para reprimirla. En 2023 la brutalidad policial contra su protesta en Sainte-Soline llegó a dejar a dos manifestantes en coma. Ese mismo año el Gobierno declaró la ilegalización de la organización, pero fue anulada por los tribunales.

En el verano de 2024 acudí a su convocatoria en Melle. Fue imposible no pasar por al menos dos controles policiales solo para llegar al campamento. Para facilitar la represión, habían aplicado una especie de estado de excepción local que les permitía requisarte todo tipo de materiales: desde botellas de cristal hasta paraguas o mascarillas. Esto último es «material defensivo», ya que durante el transcurso de las acciones la policía nos bombardeó desde lo lejos con tal cantidad de gas lacrimógeno que casi impedía la visión ante tanto humo blanco. Mientras estallaba cada pocos segundos una de estas granadas, la música de la fanfarria sonaba por encima, manteniendo los ánimos altos mientras las activistas nos ayudábamos entre nosotras vertiendo una mezcla de agua y Almax en las zonas afectadas para reducir el picor. **La interrupción de la producción es pues clave en el sabotaje económico contra oleoductos, maquinaria y megabalsas.** En cambio, llenar de cemento los hoyos de un campo de golf tiene un fuerte impacto simbólico (tapar un agujero que engulle 100.000 litros de agua diarios) pero si se detecta rápidamente se puede solventar de un manguerazo. Lo mismo ocurre con pintar yates o jets, señalan al culpable pero en sí solo causan un deslucimiento. Por ello, propongo conceptualizar este tipo de acciones como *teatralizaciones de la rabia*, **gestos simbólicos de hartazgo y enfado que no interrumpen la producción.**

Las teatralizaciones de la rabia pueden atraer atención mediática y apoyo popular, entrenar a sus participantes, divulgar sobre la cuestión y normalizar la desobediencia. Pero sus efectos estructurales en la producción son mínimos o nulos, provocan daños localizados que se pueden reparar con facilidad. Así ocurrió con el ataque al cuadro de Balfour, pero también cuando en enero de 2025 un activista antisionista en México propinó martillazos a la cabeza del muñeco de cera de Netanyahu. Un gesto rabioso que supo reflejar el hartazgo, la rabia y el rechazo hacia el genocidio y su principal responsable político, pero que no paralizó la producción del museo. Los ataques a piezas concretas de arte pueden provocar el cierre de una sala, pero no interrumpen el flujo de visitantes ni los ingresos percibidos en los negocios derivados como la tienda de regalos. Si, por ejemplo, los activistas hubieran roto el sistema de refrigeración del museo un caluroso día de verano, habrían puesto en riesgo la integridad de todas las esculturas de cera del museo. Así, habrían imposibilitado el normal funcionamiento de la institución interrumpiendo el flujo de visitantes, como también ocurriría en cualquier edificio si se sabotea su sistema de calefacción un día frío de invierno. Esta diferencia supondría un impacto económico mucho más grande pero posiblemente un impacto simbólico mucho más pobre.

Sería un error estratégico desmerecer tanto los sabotajes como las teatralizaciones de la rabia. Mayor sería el error si se fetichiza como única solución una sola práctica política. Los cambios sociales se han logrado desde la experimentación con una diversidad de formatos de lucha que alcanzan sus formas más elevadas cuando sirven como plataforma para la organización de frentes amplios.

El consumo ético no detendrá máquinas de guerra

Ante esta lamentable quema, los empresarios queremos dejar patente nuestra perplejidad y nuestra absoluta repulsa a este acto, entendiendo que la propiedad privada debe estar por encima de cualquier acto. Esto deslegitima cualquier derecho que pudieran tener de parte y que se vieran afectados en tanto la fórmula que han utilizado les deja claramente retratados como personas que están buscando más la desestabilización que la búsqueda de soluciones.

Pedro Alfonso Martín, presidente de la patronal de Tenerife, ante el sabotaje de la maquinaria de construcción del complejo turístico Cuna del Alma el 24/02/2025

Existe un debate sobre si un ataque contra la propiedad es o no violencia. Sí, el afectado se puede sentir violentado pero, a la vez, un ataque a su propiedad no es lo mismo que un ataque físico a su cuerpo. No es lo mismo que quemen tu coche a que te rocíen a ti con gasolina y te prendan fuego. Ciertamente, un ataque a tu propiedad puede tener efectos muy graves sobre tu vida. Si destruyen tu coche, tu capacidad de movilidad se ve sustancialmente reducida. Los desahucios arrojan a alguien a la calle y le dejan sin cobijo. Quémale a un campesino sus olivos y le habrás quitado su fuente principal de sustento. En un extremo tenemos atacar a los medios materiales de subsistencia y en el otro, pintar un yate.

No todo el mundo está entusiasmado ante los sabotajes. Para muchos supone cruzar la línea roja de la violencia. Incluso los que sienten simpatía por los motivos que mueven a los saboteadores pueden sentir rechazo por los medios que utilizan. Un sabotaje a un negocio que afecte directamente a sus clientes puede causar un rechazo similar al de los usuarios que se quejan de las huelgas de transporte público. También hay quienes denuncian que la destrucción de maquinaria o mercancías puede afectar a los trabajadores de la empresa, poniendo en peligro su empleo o cargando en ellos las tareas de limpieza o reparación.

En ocasiones puede ocurrir lo contrario: el sabotaje de un proyecto de construcción puede alargar el tiempo del contrato de los obreros o incluso crear nuevos puestos (un guardia de seguridad nocturno), lo que supondría más empleo en forma de pérdidas del empresario. Pero es innegable que el directivo no será el que baje a barrer los cristales rotos. Tampoco que, si un sabotaje continuado logra su objetivo y paraliza el proyecto, se perderán esos puestos de trabajo. Si el sabotaje no está coordinado con otras formas de presión, organización y negociación colectiva, no podrá garantizar la transferencia de los empleados a otros puestos en industrias socialmente deseables. Estas críticas señalan límites reales del sabotaje, que pueden o no ser solventados mediante una mayor atención al diseño concreto y la coordinación de una diversidad de tácticas en un frente de lucha más amplio.

Sin embargo, este tipo de controversia está atravesada por un **debate sobre los medios legítimos o ilegítimos de lucha.** A veces, toma forma de un pacifismo que rechaza cualquier método de lucha percibido como violento. Este rechazo puede partir de una interpretación moral (cristiana) que entiende el mundo en términos maniqueos de bueno y malo: la violencia no emana de condiciones estructurales sino de hombres malos, ciertas acciones «malas» te convierten en un hombre malo, ante la opresión sistémica lo honrado es poner la otra mejilla y perseverar. Otras veces, parten de una postura liberal: existen unos cauces legales y democráticos para hacer política, por lo que acciones que perturban la paz social (como cortar una carretera) cercenan la legítima libertad individual en un ejercicio de «autoritarismo».

Ambas posturas las hemos podido observar en la cobertura del genocidio contra el pueblo palestino. La postura liberal describe la situación como un trágico bucle de violencia originado en la quiebra del imperio de la ley. Agresor y agredido se han alejado del derecho internacional, así lo entiende y así se desentiende. La postura moralista, por su parte, reconoce la gravedad de la agresión sionista, pero a la vez cualquier acto de resistencia por parte de la población palestina les hace «perder la razón». Al final, la violencia del colono se desatiende para escrutar la pureza de las víctimas, su capacidad o no de encajar en la imagen de un mártir. Esto devalúa la rabia del pueblo palestino, les niega agencia en su propia liberación y les exige devenir víctimas y testigos del destino que otros les han impuesto. No podemos entender el consentimiento de Occidente al proceso de genocidio en Gaza tras el 7 de octubre de 2023 sin el calado del discurso de la no violencia.

En realidad, en el debate sobre los medios legítimos o ilegítimos de lucha existe otra postura aún más frecuente dentro de la izquierda: **el pacifismo estratégico.** Esta tesis sí cree en la necesidad de responder a la violencia del sistema capitalista desde la resistencia. Sin embargo, consideran que la **resistencia pacífica** es la táctica más eficiente por cómo logra captar la empatía del público general y evitar la represión más dura del Estado. Esta tesis ha sido fundamental para muchos movimientos sociales recientes, especialmente para el ecologista: la desobediencia civil ha sido de un tiempo a esta parte su táctica por excelencia.

Esta tesis incurre en una malinterpretación de la historia. Como hemos explorado en el capítulo de «El borrado histórico de la rabia», se ha olvidado el papel de la violencia en los movimientos políticos recientes, olvido que permite que hoy se argumente que cualquier forma violenta aleja a los movimientos sociales de sus metas, siendo así inefectivo y contraproducente. La resistencia pacífica sería la gran innovación del último siglo, una técnica superior que obligaría a posicionarse al gran público despolitizado apelando a su moralidad.

También incurre en un error de lectura del presente. El potencial de esta técnica está ligado al surgimiento de los medios de comunicación de masas. La cobertura periodística conseguida por manifestaciones multitudinarias o acciones de desobediencia civil permitía que el grupo no pasara desapercibido a cambio de unos «costes bajos». Incluso en organizaciones que preferían otras tácticas, esta forma de atraer atención no podía ser desdeñada, de manera que acabó por transformar hasta sus propias estructuras. Pero hoy el contexto mediático es diferente. Recordemos «la muerte de la audiencia masiva» explicada en el segundo capítulo y cómo ello, junto con las redes sociales, ha fragmentado la sociedad. **El público general no polarizado al que la estrategia no violenta buscaba polarizar ya no existe.**

El pacifismo estratégico se fundamenta también en que son métodos con una barrera de entrada mucho más baja y, por ello, mucho más fáciles de generalizar entre la población. El ejemplo más claro de esta lógica son las campañas de concienciación del consumo ético, vegano o ecologista. O su análogo en la lucha por Palestina, el BDS. El movimiento BDS (Boicot, Desinversiones y Sanciones) tiene como prioridad declarada atacar a la base económica del sionismo. Entre sus tácticas está actuar como grupo de presión a Gobiernos para que corten relaciones económicas y diplomáticas con Israel, pero su práctica más conocida es dirigirse a los ciudadanos apelando a sus patrones de consumo y estilo de vida.

El BDS considera estratégico centrarse en el boicot porque ataca a la base económica de Israel a la vez que se conciencia sobre la importancia de dejar de consumir un producto israelí y se sensibiliza sobre el sufrimiento y la causa del pueblo palestino. Su discurso busca apelar a tu moral al explicarte que, aunque de forma inconsciente, al consumir determinadas mercancías estás apoyando y, por lo tanto, siendo un cómplice involuntario del genocidio. Esa complicidad puede ser rectificada por el consumidor adquiriendo otro producto «más ético». El principal problema de esta táctica es que tiene las patas cortas. El boicot no es suficiente para parar el genocidio si no se demuestra capaz de organizar políticamente a los sujetos a los que apela más allá de dirigir su atención hacia empresas y marcas concretas.

La principal inspiración de BDS es la campaña de boicot promovida por el Congreso Nacional de África ante una situación similar (el *apartheid* en otro proyecto colonial de asentamiento). Pero es relevante señalar que la campaña de boicot de la ANC estaba estrechamente conectada con el resto del frente de lucha en la Sudáfrica del *apartheid*, enmarcada en la estrategia de los Cuatro Pilares: movilización de masas, lucha armada, organización clandestina y solidaridad internacional. **El boicot se entendía como una palanca de presión más contra el régimen supremacista que generaba un entorno más propicio para el avance de la política de masas y la lucha armada.**

En junio de 1980, varios comandos de la MK, el brazo armado de la ANC, plantaron varias bombas en una planta de hidrogenación de la compañía Sasol. El Gobierno sudafricano había promovido la fundación de Sasol para garantizar la sostenibilidad energética del país, convirtiendo carbono natural en petróleo sintético. El ataque, que no se cobró ninguna víctima, tuvo un efecto económico significativo sobre el Gobierno supremacista. Además, el humo provocado por la detonación se podía avistar desde la ciudad más poblada del país, Johannesburgo. La acción, por tanto, no solo tenía un coste económico sino que rompía la imagen del *apartheid*. Para los ciudadanos blancos afines al régimen ponía en jaque la aparente inviolabilidad de sus privilegios, mientras que para la población negra se convertía en una llamada a la insumisión.

Hoy podemos encontrar una interesante hibridación de los métodos de boicot y sabotaje en la primera acción del grupo de Les frites insoumises. Las (patatas) Fritas Insumisas incendiaron un McDonald's que se encontraba en vías de construcción al norte de Toulouse. El comunicado en el que reconocían la autoría del sabotaje denunciaba la complicidad en el genocidio de esta marca, que lleva años siendo una de las protagonistas de la campaña de boicot de BDS. Además, el proyecto ya había sido objeto de críticas por parte de las familias de la zona, preocupadas por la cercanía de la cadena de comida rápida a un colegio. Así, conectaron una disputa local con la campaña contra el genocidio. Las Fritas Insumisas han jugado el papel de flanco radical de la campaña de boicot, de manera similar a cómo la campaña Tesla Takedown de protestas y llamados al boicot pronto escaló en forma de sabotajes contra la compañía de Elon Musk.

Entre 1961 y 1963 la MK cometió 190 actos de sabotaje con grandes efectos económicos, pero sin cobrarse ninguna víctima. El propio Mandela participó en varios de ellos. A la vez, también defendía la protesta no violenta mientras fuera eficaz, una táctica que debía abandonarse si dejara de funcionar. **Aferrarse a la dicotomía violencia-no violencia como forma de delimitar si una lucha es respetable beneficia a la clase dominante, nos divide y enfrenta a grupos con quienes compartimos objetivos** pero que se apoyan en tácticas como los daños a la propiedad, la ocupación o la resistencia contra la policía o el ejército de Estados represivos e imperialistas. Ni la resistencia pacífica, ni el sabotaje, son por sí solos efectivos. La lucha es un campo plural. Se ha de estudiar cada momento histórico y cada circunstancia pasajera, evaluando y delimitando cada táctica en relación al contexto, las fuerzas y los objetivos a largo plazo.

En 20 años de campaña por el boicot, BDS puede afirmar como logro que un grupo de la demografía social (gente blanca izquierdista de clase media) se ha concienciado de la causa Palestina, ha descubierto y apreciado el boicot como herramienta política pero, seamos francos, solo una pequeña porción de ellos efectivamente lleva a cabo el boicot. Mientras tanto, **en estos 20 años el PIB de**

Israel ha crecido de 150 000 millones a 500 000 millones de dólares, entre otras cosas, porque su principal mercancía no son los dátiles, son las armas. En un contexto en el que Estados Unidos sigue financiándoles y en el que el auge del militarismo global aumenta la demanda de los ejércitos de su tecnología militar puntera, tratar de quebrar la fuerza económica de Israel mediante el boicot ciudadano es delirante. Un delirio al mismo nivel que creer que podremos evitar la catástrofe climática mediante el consumo ético. En este contexto, **tiene más impacto una persona poniendo su cuerpo, tiempo y esfuerzo por detener el comercio de armas que cien comprobando el código de barras de cada producto** para ver si es fabricado en Israel.

A nivel institucional, la Red Solidaria contra la Ocupación de Palestina, en la que participa con gran peso BDS junto con otras 40 organizaciones, ha estado presionando con la campaña «Fin al Comercio de Armas con Israel» para que se apruebe una ley que suspendería automáticamente la compraventa de armas con cualquier Estado investigado por un tribunal internacional, como Israel. En mayo de 2025 lograron que se tramitara por vía de urgencia en el Congreso de los Diputados un borrador elaborado por ellos. Incluso así, su aprobación podía durar varios meses, un tiempo inasumible para el pueblo palestino, tiempo salvable si el Gobierno aprobaba el embargo de forma inmediata por real decreto ley. Ante su falta de voluntad política, quedaba claro que solo la presión colectiva y la acción contundente podía obligarles a dar el paso.

Estas pueden ser acciones de sabotaje de la producción como las llevadas a cabo por algunos estibadores de puertos. Por ejemplo, los trabajadores del puerto de Marsella y sus análogos en varias zonas de Italia se negaron en junio de 2025 a cargar armas para un barco con dirección a Israel. Esta acción contó con el apoyo de sindicatos locales como la Comisión General de Trabajadores en Francia y la Unión Sindical de Base en Italia. Esto supuso un sabotaje al complejo industrial-militar mientras privaba a Israel de parte de su arsenal en plena campaña de anexión. Asimismo, Palestine Action lleva varios años realizando ataques contra la industria armamentística vinculada a Israel. Esto incluye el deterioro de maquinaria, ataques a sistemas informáticos y la destrucción de armas y otros componentes. Durante dos años llevaron a cabo un verdadero asedio contra una fábrica británica de propiedad israelí, especializada en la producción de tecnología para aviones de combate no tripulados. La campaña surtió efecto y la planta de Oldham tuvo que cesar su actividad en el año 2022. A partir del 7 de octubre de 2023 el grupo ha intensificado sus sabotajes, lo que no solo supone pérdidas para las empresas sino que también afecta a su capacidad de cumplir los plazos de entrega de armas usadas para exterminar al pueblo palestino.

Por otro lado, conseguir que un gobierno conceda una reforma no solo puede venir de la paralización de la producción. Si bien la historia demuestra que es donde yace el principal poder de la clase obrera organizada, también es cierto que cuando el objetivo es apelar al gobierno, hay una multiplicidad de tácticas posibles para conseguirlo. **En septiembre de 2025, el gobierno de España finalmente ha cedido y ha anunciado por Real Decreto ley de embargo de la compraventa de armas a**

Israel, una medida extremadamente necesaria para dejar de transferir dinero directo a la maquinaria de guerra del genocidio. En un escenario de rabia e impotencia generalizada ante la terrible hambruna de la población gazatí bajo asedio, la magnitud y formas de las movilizaciones presentaban una presión insostenible para el gobierno español.

La presencia mediática de la Global Sumud Flotilla. Las protestas contra la participación de Israel en la Vuelta Ciclista a España, que escalaron tanto en masividad como en formas respecto a las del año anterior contra el mismo evento, pasando de visibilizar la causa con banderas palestinas a los lados de la carretera a esta vez interrumpir el circuito con el propio cuerpo. También jugó un papel clave el encierro de siete días en el Círculo de Bellas Artes de Madrid, en el que los profesores exigían este embargo de armas con asambleas diarias a las que acudían más de 200 personas y en el cual participamos desde la Acampada Universitaria por Palestina (en un claro ejemplo de alianza intergeneracional dentro de la comunidad educativa). El objetivo del encierro era precisamente presionar *lobísticamente* al gobierno para que decretara el embargo, hasta el punto de reunirnos con diversos ministros, lo que precipitó el anuncio del decreto esa misma semana. Por supuesto, fue primordial todo el proceso de investigación, redacción del borrador de ley y negociaciones con el gobierno iniciado en 2023 con la campaña «Fin al Comercio de Armas con Israel».

La vía del lobby ha avanzado posiciones, logrando que el gobierno se pronuncie en favor del embargo pero no su objetivo, ya que el Real Decreto está lleno de excepciones. Su victoria parcial demuestra que la presión institucional alcanza su mayor potencial al combinarse con presión popular en forma de disrupción y movilizaciones masivas. También demuestra **los límites del lobby: concesiones incompletas y efímeras, nunca del todo estructurales y dependientes de una buena voluntad gubernamental limitada al contexto.** Fetichizar el pacifismo estratégico como única vía revela de forma elocuente cuáles son las condiciones del presente, pues la incapacidad de imaginar y practicar una resistencia combativa es el síntoma de haber perdido cualquier horizonte revolucionario. Lo cual implica una desconexión de todo un legado de lucha sobre el que se sostiene el mundo que conocemos.

Luigi Mangione y la performatividad de la lucha

Deny, Defend, Depose

Tres balas bastaron para sacudir la sociedad estadounidense. En la madrugada del 4 de diciembre de 2024, Brian Thompson es abatido en las calles de Nueva York. Es el CEO de UnitedHealthcare, la principal aseguradora de salud de los Estados Unidos. La noticia provoca inmediatamente un aluvión de comentarios en redes sociales en favor del encapuchado que había cometido el ataque. Las imágenes del asesinato y posteriormente las que la policía publica del sonriente sospechoso en una cafetería se convierten en memes, romantizándolo como un héroe. En este fenómeno viral y mediático a nivel internacional se mezclan especulaciones sobre su identidad, debates sobre sus motivos, declaraciones de apoyo y discurso político contra las aseguradoras y los millonarios.

Dos factores amplifican el acontecimiento. En primer lugar, las tres balas, sobre las que se había grabado *deny* (deniega), *defend* (defiende), *depose* (depón/destituye).

Las dos primeras palabras hacen referencia a un libro sobre las malas prácticas de aseguradoras como United-Healthcare, que deniega en un 32 % de ocasiones las reclamaciones de sus clientes. El término *depose* **le da un cariz magnicida al asesinato.** En cambio, el segundo factor tiene un giro más burlesco. En su huida por Central Park, el asesino se cambia de ropa y mochila para disimularse. Aprovecha este procedimiento logístico para dejar otro mensaje: la mochila abandonada está repleta de billetes del Monopoly. Internet se llena de comentarios y memes sobre su ingenio. Se empieza a vender *merchandising* con el lema inscrito en las balas.

Cinco días después del asesinato, la policía detiene a Luigi Mangione, un joven de 27 años que sufre de dolor crónico en la espalda a raíz de una intervención quirúrgica. La detención se produce en circunstancias poco claras. En su bolsa encuentran un manifiesto y el arma del crimen, una pistola casera fabricada con una impresora 3D. No corresponde a este libro afirmar o desmentir la versión oficialista que ha suscitado especulaciones sobre un posible montaje policial.

Alrededor de Luigi crece toda una idolatría. Carteles de #FreeLuigi pidiendo su libertad, una estampita suya representado como Jesucristo, felicitaciones de San Valentín con su cara. Mangione no se lee como un asesino. Es un héroe encapuchado que elige un objetivo condenable por casi todas las capas de la sociedad. La privatización del sistema de salud en los Estados Unidos se ceba con todos sus ciudadanos de alguna manera. **Ni las petroleras, ni las armamentísticas, no hay empresa y sector más odiado por el pueblo estadounidense que las aseguradoras de la salud.** Se resisten a abonar costes médicos cuyas pólizas deberían cubrir, arruinan vidas con gastos infinitos o matan al negar tratamientos y operaciones vitales. Un conjunto diverso de la sociedad, incluyendo votantes de perfil conservador, cierra filas contra las aseguradoras y en favor del asesino. En Estados Unidos existe una tradición muy fuerte de *vigilantismo*, una sensibilidad particular a la idea de tomarte la justicia por tu propia mano. Su peor manifestación serían los linchamientos, pero también toma forma de justiciero enmascarado, sea un superhéroe o un *cowboy* forajido. Luigi Mangione es un sinónimo de la rebelión contra las élites mientras que el asesinato, un gesto que revela la corrupción de un sistema clasista e injusto que mata cada día. **Su imagen de hombre blanco «de a pie» sin vinculación a ninguna organización política y, por lo tanto, un (falso) universal, le permite desbordar las divisiones sociales.**

Podemos comprender el asesinato desde la tradición anarquista de la «propaganda por el hecho». Formulada en el siglo XIX, defendía que los atentados construyen un acontecimiento que demuestra la viabilidad de la insurrección de forma más eficaz que la difusión de ideas revolucionarias en un contexto de población analfabeta. En el actual contexto de redes sociales marcadas por la *infoxicación* (sobrecarga de información que dificulta procesar y profundizar en los temas), podríamos pensar este asesinato político como una actualización de las tesis de la «propaganda por el hecho». Eso sí, cabría destacar que su (probable) planificación individual difiere de la organización colectiva defendida por la mayoría de corrientes anarquistas. **El autor entendió muy bien el contexto comunicativo actual al preparar meticulosamente**

los elementos meméticos que garantizaron su éxito en redes. No publicó un manifiesto infumable de 35.000 palabras como el terrorista Unabomber sino que enmarcó la acción con la imagen de los billetes de Monopoly y tres palabras cargadas de simbolismo cuyo significado abierto invitaba a la especulación y debate (al *engagement*). Al crear un acontecimiento viral, generó un momento de atención general que superó la saturación propia de la *infoxicación*.

Además, sin estos elementos que lo enmarcaban, el asesinato no solamente habría despertado menor interés sino que a la prensa le habría resultado más fácil relatarlo como un crimen pasional, apolítico. Un arrebato, un *True Crime*. Todo este caso ejemplifica **la importancia de considerar cada acción política como un acto comunicativo en el que importa quién lo hace, contra quién lo hace y cómo lo hace. Considerar la** *performatividad* **de la lucha.**

Imagina dos manifestaciones de 500 personas. ¿Participan solo hombres blancos? ¿O son personas racializadas? ¿Pensionistas o jóvenes de pelo teñido? ¿Y qué ocurre en esa protesta? ¿Se insulta a la policía? ¿La gente canta canciones protesta al ritmo de una batucada? La forma y el contenido de una acción política afecta a cómo la interpretamos y nos relacionamos con ella. ¿Nos molesta? ¿Intimida? ¿Nos genera ternura? ¿Nos provoca y empuja a responder? ¿Conecta con nuestra rabia, nos estimula políticamente?

Todo esto afecta también a los propios activistas. Durante los últimos días de la primera Acampada por Palestina de Madrid escalamos la conflictividad, decidiendo bloquear la carretera principal del campus de Ciudad Universitaria. En una acción de resistencia civil en la que tú y tus compañeras estáis sentadas, agarradas entre vosotras, ver cómo os van arrancando una a una mientras escuchas los gritos de dolor de las que están delante es, francamente, aterrador. Pero si todas estáis cantando una canción que os recuerda por qué estáis exponiéndoos a ello (como el *Leve Palestina*) la mente se calma y la comunidad renueva vuestra determinación. Puede afectar incluso a la propia policía, que suele ser menos agresiva que si la insultas, especialmente si hay cámaras grabando su violencia contra jóvenes pacíficamente cantando. Estas consecuencias emergen como resultado de la configuración de los factores con el contexto. Son el resultado de la dimensión performativa.

Como ya hemos explicado, las teatralizaciones de rabia están diseñadas de forma radicalmente performativa. Todo lo que rodea al asesinato del CEO de United-Healthcare también. Pero no podemos decir que pegarle tres tiros a un CEO es un teatrillo. Por eso, es un ejemplo perfecto para entender la performatividad de la lucha. Si hasta un asesinato político puede tener en cuenta lo performativo, alterando su recepción pública, un sabotaje de la cadena de producción también. Al diseñar su discurso y formas, un sabotaje entabla un diálogo con el presente, agregando a su impacto económico otro simbólico que afecta a nuestra comprensión del mundo y lo que nos creemos o no capaces de hacer con él.

La mochila llena de billetes y las palabras inscritas sobre las balas impiden la construcción de la imagen de un terrorista irracional. Conectó con gran parte de la sociedad, que lo interpretó como un ataque justo contra uno de los negocios más crueles y violentos contra la clase trabajadora estadounidense. **Así, el acto se transforma en un** gesto colectivo de desafío que apela a una rabia sedimentada durante años de injusticias y agravios. Este ataque ya se ha insertado en el inconsciente colectivo como un momento que quebró el monopolio de la violencia por parte de un Estado al servicio de las élites.

Unos Black Panthers contra Desokupa

Alguien en la multitud disparó y la gente empezó a gritar de modo histérico: «¡Maten a los negros! ¡Mátenlos! ¡Rocíenlos con combustible!». El populacho comenzó a arrojar piedras contra el techo de mi automóvil. Entonces abrí la puerta, puse un pie en tierra y me erguí con una carabina italiana en mano.

Robert F. Williams, *Negroes with guns,* **1962**

Un consenso fundamenta nuestra sociedad: el monopolio de la violencia. Los ciudadanos delegamos el ejercicio de la violencia al Estado a cambio de contar con su protección. Pero el Estado no es neutral. Si bien la mayoría de presos son de clase trabajadora y acaban en prisión por delitos contra la propiedad privada, el robo más común es, en realidad, el fraude salarial (salarios que no reflejan el trabajo, horas extras no remuneradas, falsos autónomos, etc.). Este desamparo no es casual sino que proviene de la capacidad de una clase, la burguesía, de imponer su agenda contra otra, la clase trabajadora. Una de sus principales herramientas proviene de la propiedad de los medios de comunicación, que usan para crear chivos expiatorios dentro de la clase trabajadora. Un claro ejemplo es cómo la prensa, junto a la extrema derecha española, criminaliza a *los menores extranjeros no acompañados* (a los que deshumanizan con el término MENAs).

Estos discursos ya han desencadenado algunos ataques racistas, como en Torre-Pacheco. Aún así, los españoles no son demasiado propensos al vigilantismo. Esto se debe a que este país no es el resultado de una colonización de asentamiento, que delega en sus «pioneros» (colonos) parte del ejercicio de la violencia sobre los colonizados. Las brigadas supremacistas son más propias de los Estados Unidos, pero no es descartable su normalización en Europa en un contexto de globalización de los discursos y métodos de la extrema derecha. Esto es especialmente cierto con VOX, un partido que sistemáticamente plagia todo lo yanqui, en una estrategia de probar a replicar todo y desechar lo que no funciona (como cuando intentaron importar el discurso pro-tenencia de armas, rápidamente descartado). A pesar de ello, lo más habitual es que en cuanto el discurso antimigratorio cala entre la ciudadanía, se tiende más a exigir deportaciones al Estado o «mano dura» a la policía que a tomarse la justicia por su propia mano.

Hoy la proliferación de empresas de desokupación está suponiendo un cambio completo de nuestro contexto, amenazando el consenso sobre el monopolio de la violencia. El Estado parece dispuesto a permitir la *privatización de la violencia*, con la complicidad de partidos como el PSOE, cuya abstención impidió en febrero de 2025 que se debatiera en el Congreso la prohibición de la actividad de estas empresas. Si el Estado comienza a externalizar su función represiva en un sistema ya de por sí violento, ¿cómo defendernos de estos ataques?

Los Black Panthers nacieron ante una pregunta parecida en el contexto de finales de los años 60. El Gobierno de los Estados Unidos no solo desamparaba a los ciudadanos negros ante el vigilantismo supremacista blanco, sino que era el primero en ejercerla a través del uso de las fuerzas de represión. En este contexto, un flanco radical del movimiento por los derechos civiles decidió organizar un grupo de autodefensa con la misión de vigilar la actuación de las fuerzas de seguridad y proteger los barrios negros de la violencia racista. Un hombre negro solo en la calle era vulnerable. Un hombre negro armado, y más aún una brigada, era más difícil de violentar.

Este proyecto comenzó a crecer cuando sus integrantes decidieron extender esa lógica al resto de campos en los que el Gobierno de los Estados Unidos desamparaba a sus ciudadanos de segunda. La falta de recursos en los barrios negros no solo era una consecuencia de la precariedad sino un ejercicio deliberado para perpetuarla. Los Black Panthers comenzaron a crecer, convirtiéndose en una organización comunista que dedicaba sus esfuerzos a la fundación de guarderías, desayunos populares, colegios y clínicas. **Estos espacios funcionaban como una red de cuidados en la retaguardia que sostenía la confrontación directa con el Estado.** Centros que se apoyaban en el trabajo voluntario propio de la cultura caritativa de la comunidad negra. Con ello la fortalecían tanto a nivel material como simbólico, recobrando su dignidad mediante el empoderamiento. **Su actividad servía para acercar la comunidad a la organización y actuaba como una puerta de entrada hacia el compromiso con su línea revolucionaria.**

Nos encontramos ante una grave crisis de la vivienda marcada por la dificultad para acceder a ser propietario mientras se disparan los precios de los alquileres y se multiplican los desahucios. En este panorama, las empresas de desokupación cumplen un papel fundamental en proteger los intereses de bancos y rentistas empleando la amenaza, la intimidación y la violencia contra personas en situación de vulnerabilidad habitacional.

Para blanquearse, se apoyan en la imagen del okupa, debidamente demonizada por una campaña de los medios de comunicación para beneficio de la compañía de seguros Securitas Direct, que a cambio copa sus espacios publicitarios. Daniel Esteve, propietario de Desokupa, cabalgó este acontecimiento mediático manufacturado mientras le abrían las puertas de los platós. La popularidad de su empresa y la posterior proliferación de negocios que siguen el mismo modelo no habría sido posible sin el papel de los medios y su campaña de desinformación basada en el miedo y rabia contra la okupación. Enturbian confundiendo expresamente el delito de allanamiento de morada (para primeras y segundas residencias) con el delito de usurpación (viviendas deshabitadas) para que pienses que pueden usurparte la casa durante las vacaciones. La okupación es un fenómeno que ataca la propiedad vacía de grandes propietarios y fondos de inversión. Afecta al 0,057 % de las viviendas, pero las encuestas muestran que los españoles perciben que su prevalencia es 1.000 veces mayor.

Queda claro que la clase propietaria piensa seguir apoyándose en estos matones a sueldo para proteger sus intereses y el Estado está de su lado. Desokupa funciona como una **fuerza parapolicial** capaz de ejecutar desahucios extrajudiciales, también contra inquilinos que no son capaces de pagar o asumir la subida del alquiler. Esteve y el resto de la derecha los llaman «inquiokupas». Este término juega el mismo papel que el de MENA: criminalizar a los más vulnerables. **Solo podemos imaginar hacia dónde se**

dirige esta escalada. Daniel Esteve, ahora también *streamer* e *influencer* de la extrema derecha, ya ha amenazado en múltiples ocasiones con que él y sus **empleados saldrán a «limpiar las calles».** ¿Qué implica esto? «Limpiar» las calles de MENAs, inquiokupas y cualquiera que se interponga a su agenda reaccionaria. Lo hemos visto en Torre-Pacheco, donde Desokupa ha participado en la difusión y planificación de un linchamiento racista. Esteve clamó que había que defender a nuestros mayores de los extranjeros mientras con su empresa expulsa a la calle a matrimonios de ancianos para dejar el piso libre a un fondo buitre internacional. Esta hipocresía no quita, de hecho sostiene, **una tendencia al alta del higienismo fascista de la que no podemos confiar que nos proteja el Estado,** puesto que las empresas de desokupación colaboran en su actividad con la policía y les imparten formaciones mientras reciben subvenciones de varios Gobiernos municipales.

En realidad, esto ya lo hemos vivido antes. A principios del siglo xx, en las principales ciudades industriales de España comenzaron a consolidarse los sindicatos. En pocos años acumularon cientos de miles de afiliados y probaron su fuerza en disputas laborales como la huelga de La Canadiense. En ciudades como Barcelona, la burguesía, asustada por el peso que cobraban los sindicatos, comenzaron a contratar a bandas de pistoleros que trataban de disolver las huelgas y que intimidaban y asesinaban a los sindicalistas. Las filas de estas bandas estaban compuestas, curiosamente, por polis y cacos: exconvictos y delincuentes comunes junto con perfiles como el excomisario Bravo Portillo, líder de la Banda Negra. Asimismo, cuando decimos que las empresas de desokupación están compuestas por mafiosos, no es una exageración: en julio de 2025 el propietario de una empresa de desokupación de Tenerife (Desokupa Ahora) y su jefe de operativos secuestraron, torturaron y asesinaron a un chico en lo que parece un ajuste de cuentas de tráfico de drogas. Como en el caso de estos dos asesinos, en la plantilla de estas empresas abundan personas con historial delictivo y un pasado laboral de porteros de discotecas o exboxeadores. Otros son opositores a policía o policías en activo que van vestidos de paisano pero sacan la placa para intimidar. También es de sobra conocido que muchos son neonazis: una investigación a 50 de estas empresas demostró que en más del 40 % de ellas hay militantes fascistas.

Como el Estado y sus fuerzas de represión colaboraban con el pistolerismo, los sindicatos comenzaron a desarrollar sus propias brigadas para proteger el derecho de los trabajadores a la huelga y la sindicación. Hoy proliferan por toda España sindicatos y asambleas de vivienda para afrontar la crisis habitacional. Colectivos que se organizan para detener desahucios y que han vuelto a traer al centro del debate público las huelgas de alquileres. Pero también proliferan las empresas de desokupación, apoyadas por los rentistas, bancos e inmobiliarias que temen que **la acción colectiva conquiste un sistema público y universal de vivienda que ponga fin a su negocio.** Estos grupos aspiran a convertirse en verdaderos escuadrones que amedrentan a la clase trabajadora, local y extranjera.

A esta amenaza tenemos que responder de forma unida, inspirándonos en el legado de autodefensa sindical y la tradición antifascista, con especial atención a las alianzas antirracistas estadounidenses que están parándole los pies a escala local a los agentes de deportación y los grupos supremacistas. Para construir estos grupos de autodefensa, necesitamos trabajar desde la comunidad, con programas propios como bancos de alimentos y comedores populares, en donde la pluralidad de vecinas se conoce, establecen lazos de solidaridad y responden las unas por las otras. **Solo una comunidad fuerte, organizada y cohesionada puede demostrarle a Daniel Esteve y a la clase que protege que la rabia es nuestra.**

¿Tiene sentido escalar la confrontación ante tanta represión?

No pongáis el foco en un contenedor o en los altercados como tú dices. Hay que poner el foco de donde viene esa rabia contenida durante décadas y décadas. Rabia de pasar por incumplimientos, de no poder negarnos a hacer horas extra, de no poder decir que no cuando hay una situación de peligro en los tajos, que hay compañeros que han muerto en los tajos. No se cumplen las normas de seguridad y hay miedo en las factorías a poder negarse. Aquí en Cádiz todavía existen las listas negras.

Respuesta de Jesús Galván, de la Coordinadora de Trabajadores del Metal, a un periodista de TVE que le pregunta a pie de protesta durante las huelgas del metal 20/06/2025

Todo movimiento de lucha llega más pronto que tarde a la misma encrucijada. Ocurrió con el feminismo de los 70 y con el movimiento de liberación gay. Ocurre en el movimiento por la vivienda y la lucha contra la crisis ecosocial. Llegado el momento sus integrantes se preguntan, ¿hacia dónde vamos? Cuando se hace factible arrancar algunas reformas al Gobierno, pero también cuando la represión aprieta, en los movimientos pueden surgir un ala moderada y un flanco radical.

El flanco radical mantiene un discurso y demandas más exigentes y propone una escalada de los métodos de lucha. El ala moderada busca posiciones de consenso que faciliten el acuerdo y, o bien rechaza la conflictividad, o la deja para un eterno después, presentando el reformismo

190 La rabia es nuestra

como una postura «madura» y «realista». En su peor versión, el ala moderada puede llegar a replicar las narrativas de los medios de comunicación hegemónicos, acusando a las compañeras radicales de intransigentes y a sus métodos de una lacra que mancha la imagen del movimiento. Presentan sus tesis desde el «sentido común» mientras devalúan la rabia y frustración de sus compañeras como un síntoma de irracionalidad.

Estos debates marcaron la historia del movimiento por los derechos civiles, donde Malcolm X encabezó un flanco radical que más tarde inspiraría a los Black Panthers. Sus discursos rabiosos afirmaban que la segregación y discriminación obedecían a un modelo de explotación que siempre dejaba fuera de la condición de ciudadanía a la población negra. Consideraba que los cambios legislativos, si bien significativos, eran incapaces de acabar con la raíz estructural que perpetúa dicho régimen. Por ello proponía articular movimientos centrados en la autodefensa contra la violencia supremacista. La apología a la conflictividad de Malcolm X generó tal sensación de amenaza en la población blanca que las posturas de Martin Luther King pasaron a ser más digeribles. He aquí un interesante patrón: **la propia existencia y presión de un flanco radical hace que las demandas moderadas sean más admisibles** (los radicales dirían que asimilables) por parte del poder.

En las disputas laborales se acentúan estas posturas enfrentadas. A menudo, para los trabajadores la huelga supone volcar la rabia acumulada tras años de humillaciones. Su capacidad de parar la producción sirve de toma de conciencia, de resquicio desde el que descubrir un poder que, organizado, puede poner en jaque al sistema responsable de su explotación. Algunos sindicatos, sin embargo, se centran en la huelga como instrumento de presión durante las negociaciones, pudiendo desconvocarla cuando se ponen sobre la mesa preacuerdos. Es habitual que los trabajadores, quienes han sufrido en sus carnes la acumulación de agravios, quieran apretar más, quieran una huelga indefinida. **Los flancos radicales surgen del hastío y la rabia ante el estancamiento de métodos.** Surgen cuando repetir irreflexivamente ciertas fórmulas no da los resultados deseados, incluso si tuvieron sentido en determinadas circunstancias o para lograr ciertos fines. Esto anima a experimentar colectivamente con otras formas de lucha, discursos que revitalicen el movimiento. **Un buen flanco radical no se limita a aumentar la conflictividad, sino que se caracteriza por su contundencia, que no es otra cosa que golpear allá donde logra el mayor daño posible, atacar los puntos débiles del sistema.**

En octubre del 2019, el Gobierno de Chile aprobó una drástica subida del precio del billete de metro. En el contexto de austeridad y precariedad que atravesaba al país, una porción del estudiantado chileno interpretó la medida como un gesto de humillación. *No son 30 pesos, son 30 años.* La gota colmó el vaso. Un flanco radical de jóvenes comenzó a saltarse los controles de acceso al metro y pronto tomó las calles con protestas y disturbios que ya no demandaban al Gobierno la bajada de los precios sino que impugnaban su legitimidad. Sus acciones conectaron con la rabia de un grupo heterogéneo de la clase obrera que incluía a migrantes, desempleados y mapuches. El Gobierno no dudó en emplear la violencia y decretar toques de queda. Pero esto no apagó las protestas sino que encendió la chispa de un largo periodo de *estallido social,* caracterizado por los enfrentamientos con la policía y la proliferación de Asambleas Autónomas. Sin la combatividad del flanco radical, habría sido imposible que la subida del precio del transporte escalara hasta la apertura de un periodo de reforma constitucional. El ejemplo de las camaradas chilenas demuestra que todo acto de represión puede contener una oportunidad para la escalada. **Cuando el flanco radical elige el momento y el objetivo correcto, la represión supone un quiebre de la credibilidad de los Estados y su presunto carácter democrático.** Un quiebre que conecta rápido con la indignación de todos los que se saben abandonados por las instituciones públicas, de manera que se abre un periodo de lucha en el que la confrontación al poder se considera legítima. Sin embargo, es un error garrafal creer que cualquier acto de escalada va a lograr este efecto. Cuando la confrontación no se medita adecuadamente, el Estado conseguirá con facilidad presentarla como ilegítima y, por tanto, no despertará solidaridad más allá de los que ya están convencidos de la causa. Hablemos de Futuro Vegetal.

Cuando se fundó Extinction Rebellion en 2018 en Reino Unido era el flanco radical del movimiento ecologista: en vez de convocar manifestaciones o recoger firmas, experimentó con tácticas basadas en la acción directa no violenta y la desobediencia civil. Su rama española sigue ejerciendo ese papel de flanco radical en relación a otras organizaciones más institucionalizadas como Ecologistas en Acción. Pero los años pasan y no se materializan victorias del movimiento, generando cierta inquietud y frustración entre sus militantes. Futuro Vegetal nace de ese magma emocional.

Movido por la urgencia de la crisis climática, Futuro Vegetal plantea dos diferencias con Extinction Rebellion. La primera es centrar el objetivo en una sola demanda al Gobierno: eliminar las subvenciones a la ganadería. Se trata de una medida muy necesaria, antiespecista y de sentido común ecologista teniendo en cuenta el enorme impacto que tiene la industria cárnica en la crisis climática. Podemos reconocer cierto valor de esta propuesta: al focalizarse en una sola demanda, facilita la comunicación y determina una condición de victoria clara. La segunda diferenciación es la intensidad de la lucha: mismas acciones, más duro, más rápido y más fuerte. En la práctica, derriban uno de los pilares centrales de Extinction Rebellion: **la cultura de la seguridad y regeneración militante, basada en que la radicalidad y conflictividad no debe estar reñida con el bienestar y la sostenibilidad física, mental y jurídica.** No es un pilar anecdótico sino fundamental para la pervivencia de una organización, como Futuro Vegetal ha acabado evidenciando.

A pesar de sus intentos de diferenciación, siguen centrándose en articular demandas al Gobierno y en acciones performativas orientadas a asegurar cobertura mediática. No han sido capaces de llevar a cabo una verdadera experimentación que proponga un cambio cualitativo en su acción política. Ante los límites del movimiento ecologista radical, apostaron por lo cuantitativo: redoblar la apuesta por el mismo tipo de acciones. Todo ello ha resultado en una militancia quemada interpersonalmente, convertida en una diana fácil del aparato de represión, acumulando detención tras detención de sus jovencísimos militantes.

En 2024 una jueza recibió un atestado de la Brigada de Información sobre su acumulación de acciones y les imputó un delito de organización criminal. Se trata de una aberración legal. El delito de organización criminal está diseñado para grupos de trata de personas y narcotraficantes. Emplearlo para acciones de protesta ciudadana pacífica con daños mínimos implica una peligrosa vulneración de los derechos fundamentales de reunión y de libertad de expresión. Un atropello que sirve de precedente para desarticular cualquier organización que incomode mínimamente al Estado y a la clase dominante. Toda la ciudadanía debe posicionarse de forma unánime contra este ataque al estado de derecho.

A pesar de ello, está despertando escasa indignación social. Podemos especular si tiene que ver con algunas de sus acciones mal dirigidas, como pegarse a *Las Majas* o sabotear, con asquerosas consecuencias, los baños de un McDonald's. **Quizás la hipótesis de que el público siempre se indignará ante la represión minusvalora lo asentado que está en el sentido común el imperativo de respetar la legalidad.** Se me quedó grabado uno de los comentarios con más «me gusta» bajo el vídeo en el que denunciaban la detención de las jóvenes militantes que se habían pegado al cuadro: «la generación Z descubre la existencia del código penal».

La represión puede despertar indignación, rabia y movilización cuando se percibe como injusta, una lectura que estará influenciada por una variedad de condiciones circunstanciales. Esto lo entienden bien Scientist Rebellion, cuyos participantes acuden a sus acciones con bata de laboratorio, incluso los científicos sociales. La dimensión performativa de un policía reprimiendo o un juez encausando a la imagen de la Ciencia mueve muchas más emociones, a pesar de basarse en criterios de capital cultural y argumentos de autoridad que nos puedan gustar más o menos a las activistas.

En respuesta a su gran capacidad de disrupción mediante sabotajes contra las fábricas de la industria militar israelí, el Parlamento de Reino Unido aprobó en julio de 2025 proscribir al colectivo Palestine Action como organización terrorista. Lo cual convierte cualquier forma de apoyo al colectivo en apología del terrorismo, pudiendo comportar penas de hasta 14 años de cárcel. A pesar de ello, esta otra aberración legal sí despertó una gran indignación social, que ha motivado diversas protestas en solidaridad por las que (a septiembre de 2025) llevan ya más de 1600 personas detenidas que se exponen a potenciales cargos de apología al terrorismo solo por afirmar «Stop Genocide. I Support Palestine Action». Para entender esta diferencia de reacción popular es clave entender el contexto: esta ilegalización llegó en un contexto de hambruna total en Gaza por el asedio israelí. En este libro hemos examinado ejemplos de éxito, pero también hay mucho que aprender de los fracasos. Futuro Vegetal ha sido una cerilla que se ha quemado rápida e intensamente. No ha logrado ningún cambio legislativo, no ha movilizado ni acumulado más fuerzas que con las que empezaron. Deja tras la llama unas cenizas en forma de militantes agotadas y represaliadas y un funesto precedente legal contra el ecologismo.

La represión contra el movimiento ecologista era de esperar. Por mucho *greenwashing* y *sosteniblablá* que articulen desde el poder, cualquiera que esté comprometido con la causa acaba desembocando en la necesidad de superar el capitalismo al comprender la hecatombe ecosocial a la que nos aboca la lógica insostenible del crecimiento infinito en un planeta finito. Solo hay que ver ahora a Greta Thunberg llamando a derrocar el sistema capitalista y conectando la lucha climática con la liberación palestina y la del resto de pueblos colonizados. Esta represión se enmarca en un amplio giro represivo que comienza a extender sus tentáculos hacia todos los movimientos sociales. Se ensayó contra el independentismo. También ocurre en el antifascismo, como los Seis de Zaragoza, y en la lucha sindical, como el caso de las Seis de la Suiza. Esta represión se apoya en la Ley Mordaza pero no se limita a ésta. El derecho penal integra un conjunto de leyes y prácticas judiciales y policiales que restringen nuestros derechos y garantías, aplican penas desproporcionadas e incluso criminalizan conductas previas a cualquier hecho. **Es el *derecho penal del enemigo*.** Hoy destaca la práctica gris de la infiltración policial. Infiltradas en organizaciones de la *esquerra* independentista, en el movimiento por la vivienda, en centros sociales okupados, en el movimiento por Palestina, en Extinction Rebellion y hasta en Madres Contra la Represión.

Ante esta situación, el ala moderada presiona con su discurso, pidiendo que nos ciñamos de forma estricta a los escasos cauces que nos quedan para la oposición política. Que seamos sensatos. Pero cuando desgranamos esta lógica no salen las cuentas. En primer lugar porque no es nuestra radicalidad la que motiva el giro represivo, sino que su planificación viene de antes. Pretende adelantarse a los movimientos de oposición para **ahogar toda semilla de disidencia organizada contra el periodo de profunda crisis que se despliega ante nuestros ojos.**

En segundo lugar, lo que nos proponen es, de nuevo, limitar la lucha a métodos que ya han probado ser insuficientes por sí solos para la transformación política. Lo son porque la oposición que proponen es una que ya se tiene en cuenta, tan fácil de asimilar que las raíces del poder permanecen inalteradas. Cuando no existen garantías, o directamente se prohíbe el derecho de asociación y agrupación, una movilización supone una confrontación contra el Estado. Se altera un espacio público fuertemente vigilado y reprimido y se percibe como una amenaza al Gobierno que una organización sea capaz de movilizar a la población. Lo hemos visto en Argentina donde la brutalidad policial arrasa contra las movilizaciones masivas por las pensiones de jubilación. Y también en Catalunya durante el *procés*. Las revueltas cargadas de rabia contra la sentencia condenatoria de los líderes políticos del independentismo funcionaron como un momento de insurrección, en una Barcelona que aún tenía muy presente la aplicación del artículo 155 dos años antes.

Pero cuando el Estado reconoce los derechos de asociación y agrupación, cuando al convocar una manifestación solo hace falta notificar a Delegación de Gobierno para que prepare un cordón policial que «garantice la seguridad de todos», el contexto no es el mismo. Movilizaciones como las manifestaciones multitudinarias cumplen una función importante para evidenciar un sentir mayoritario, forjar alianzas políticas y alimentar entre sus participantes el sentimiento de pertenencia a una comunidad. Pero lo que no son bajo un contexto de reconocimiento de los derechos de asociación y agrupación es una confrontación contra el Estado o la burguesía. Las manifestaciones que se hacen por la vía legal toman la forma de un desfile en la vía pública, de una teatralización, por radicales que sean sus consignas o manierismos.

Nuestro potencial político se estanca si se recurre solo a métodos que el poder contempla y permite. Por ello, **no podemos responder automáticamente a la represión con desescalada ni que nuestra reivindicación pase a ser solamente el derecho a no sufrir represión.** Tenemos que aspirar a ganarlo todo. La represión no puede contenernos porque eso significaría que funciona. No debemos dejarla funcionar. Lo que sí nos exige es una mayor precaución a la hora de evaluar, planear y ejecutar nuestra acción política. **El desarrollo de una cultura de la seguridad adecuada al contexto para prevenir la represión, pero también la construcción de redes de solidaridad, cuidados y apoyo mutuo que nos sostengan cuando ocurra.**

El nuevo sindicalismo de los Estados Unidos lleva años prestando atención a esta cuestión en su contexto de grave hostilidad contra la sindicación, en la que las empresas tienen manga ancha para despedir a los trabajadores que buscan organizarse. De hecho, su histórica implantación de nuevos sindicatos en empresas como Starbucks y Amazon se ha tenido que tramar desde la clandestinidad. El nuevo sindicalismo estadounidense busca los sujetos rabiosos contra su empresa que estén dispuestos a todo y los organizan como flanco radical. Cuando estallan las disputas laborales, el flanco radical actúa con rapidez, arrinconando a los empresarios antes de que puedan oponerse a la movilización de los trabajadores. Para ello se apoyan en la comunidad de la que forman parte, convirtiendo su causa en una de todos, evitando que el caso quede aislado e, incluso, motivando que otros centros de trabajo se sumen a la disputa. De esta manera, todo acto de represión cobra dimensión pública, dificultando así despidos y otras tácticas de presión. El potencial del nuevo sindicalismo estadounidense no reside en su radicalidad en abstracto. Está demostrando un verdadero carácter de vanguardia por cómo logra que los trabajadores rabiosos no se deshagan en pequeños conflictos laborales sin potencial de prosperar. **Estar o no en la vanguardia se determina en tu posición en relación al resto de agentes políticos.** Una posición de vanguardia es la que sabe responder a las circunstancias con flexibilidad para identificar cómo intervenir en las luchas del presente y sacar su máximo potencial político. La vanguardia se caracteriza por su ambición, por comprender la dimensión del conflicto y saber organizarlo, sostenerlo y escalarlo. **La vanguardia abre el camino. Pero la clave está en caminar un paso por delante, no tres.** Un iluminado cuya radicalidad no conecta con el resto de personas no es más que un necio. No necesitamos lobos solitarios. La posición de vanguardia en un frente es cambiante. **Quien sepa leer mejor la coyuntura, proponer el paso correcto y convencer de ello será entonces la vanguardia.**

La situación de flanco radical y la de vanguardia de un movimiento puede coincidir en unas mismas personas, pero también puede que no. No es algo imprescindible. De hecho, el flanco radical puede jugar un papel de experimentación en las tácticas cuyos aprendizajes y resultados sean después conectados y armonizados con el resto del frente de lucha gracias a las compañeras a la vanguardia. **Si el flanco radical desprecia al resto del movimiento por una percepción de falta de compromiso, puede entrar en un bucle de retroalimentación de la radicalidad por la radicalidad.** Así el grupo acaba replegado sobre sí mismo, con actitudes identitarias en las que la intensidad de las acciones no corresponde con los medios a disposición y sirve más para satisfacer el ansia de combatividad de sus integrantes que a los fines estratégicos.

Llevar a cabo acciones de alto riesgo sin que a ello acompañe una respuesta y blindaje por parte de la sociedad es jugar con fuego: expone a todo el movimiento a una escalada de represión estatal y deja un reguero de militantes quemadas. Sin embargo, hay que recordar que una chispa puede incendiar una pradera. Los flancos radicales, que a veces se sienten hijos de la guerra de guerrillas y la guerrilla urbana, deben tener siempre presente que **el fin último de cualquier guerrilla es convertirse en un ejército popular.**

Quinta parte:
Cómo organizar la rabia

Salir de la resaca del 15M

El cielo no se toma por consenso: se toma por asalto.
Pablo Iglesias, 2014

En mayo del 2011, España era un hervidero. Madrid era un hervidero. Democracia Real Ya, una plataforma al margen de los partidos políticos institucionales nacida en redes sociales, convoca en más de 50 municipios una protesta contra la falta de candidaturas alternativas y que tiene como lema «no somos mercancía en manos de políticos y banqueros». Decenas de miles de indignados acuden a la manifestación gracias a la difusión por redes, algo novedoso en aquel momento. La represión policial se cobra 19 detenidos. Un pequeño flanco radical de manifestantes responde. La gota ha colmado el vaso: deciden acampar.

En repulsa a un primer intento de desalojo esa primera noche, aparecieron muchas más personas que decidieron sumar su tienda, su saco, su esterilla. Empezaron a brotar acampadas por todo el país y todavía más personas acudían a las concentraciones para defenderlas. El 22 de mayo los resultados de las elecciones municipales castigan al PSOE por su complicidad en sentenciar el estado de bienestar, anticipando la victoria de Mariano Rajoy. La crisis económica había sumido a gran parte de la población en el desempleo y a muchos enfrentándose a un desahucio hipotecario. Ello llevó a una verdadera crisis del bipartidismo, de frustración de un electorado que sentía que no había alternativa a los políticos corruptos serviles a los poderes económicos. Toda la rabia acumulada estalló en el 15M, un momento presencial de organización política en el que no solo participaron las militantes veteranas sino gente de a pie que llevaba tiempo alejada de los espacios políticos o que nunca había participado en ellos. Gente que pudo expresar sus circunstancias y necesidades, que participó en momentos de imaginación política en los que se proponían medidas, proyectos de sociedad... La toma del espacio público y la defensa del mismo contra la represión se convirtió en todo un símbolo para sus participantes, pero también para quienes fueron testigo de su valentía, una confrontación histórica contra el *statu quo*.

En Madrid, la acampada de Sol se convirtió en un centro neurálgico del que nacieron colectivos de barrio, movimientos sociales y, más adelante, un proyecto electoral. Un proyecto que pretendía canalizar la rabia contra el sistema en una candidatura construida desde las bases y, para ello, asoció a múltiples asambleas de vecinas, movimientos sociales y círculos de nueva creación. Ese trabajo de construcción hizo posible que Podemos diera el salto a las elecciones europeas y, en última instancia, que lanzara un proyecto apoyado por cinco millones de votos en sus primeras elecciones generales. Una ruptura del bipartidismo que abrió un nuevo ciclo político en el que se acabó articulando tres años más tarde el primer Gobierno de coalición. Pronto se hicieron realidad los peores temores de entrar en el Gobierno. Hubo que tragar una y otra vez concesiones al PSOE. Pedro Sánchez ponía un tope a la ambición, marcando la agenda y las líneas rojas, lo que desprestigiaba al socio de coalición. A la vez, lograba presentarse como la cara más progresista de su partido con cada éxito del Gobierno. A la izquierda del PSOE, las candidaturas electorales centradas en los hiperliderazgos y la estrategia de medios descuidaron la organización de base. La rabia del primer Podemos se aletargó cuando entró en el Gobierno y no volvió a despertar hasta su salida. Pero esta vez era una rabia resentida contra sus antiguos socios de Sumar. Esta no convence a esas mayorías que sí habían movido la rabia contra la casta. Apenas sirve como repliegue identitario que se asegura unos fieles. Unos y otros han debilitado la confianza del electorado. **Hoy ya nadie aspira de forma sincera a que se materialice el asalto a los cielos sino a poder revalidar el Gobierno de coalición,** es decir, seguir siendo la muleta del PSOE.

A ratos parece que hemos vuelto al punto de partida. Desmovilizados, fragmentados, convencidos de que estamos ante un momento de estancamiento. El bipartidismo que se venía a cuestionar vuelve a salir reforzado a pesar de que las tramas de corrupción del PP y del PSOE vuelven a abrir portadas. Hoy seguimos siendo mercancía en manos de políticos y banqueros. Y, sin embargo, estamos en un momento político totalmente distinto. Existe un hastío fruto de haber transitado demasiadas veces por vaivenes políticos que te ilusionan un día (o unos años)

hasta que ves que nada cambia y ya decides que no te vas a
ilusionar más, que no vas a dejar que te vuelvan a engañar.
El 15M impulsó una reflexión colectiva sobre cómo la
crisis del 2008 demostraba que socialdemócratas y conservadores habían estado colaborando para sostener una
estructura social débil, construida sobre la explotación
de los de siempre. Un momento nacido de la rabia contra
los candidatos habituales y de la incapacidad de imaginar otros. Pero ahora estamos ante una crisis del propio
sistema de gobierno, del propio sistema electoral, de los
rituales del Congreso de los Diputados. **Urge volver a
practicar nuestra imaginación política.**

En el ciclo político anterior perdimos la capacidad de
proponer un horizonte más allá de los ciclos electorales,
por lo que confiamos en exceso en manifestaciones y teatralizaciones de la rabia como las caceroladas que operan
como apelaciones al Gobierno. Son actos catárticos que
consiguen que la gente sienta que ha hecho algo en respuesta a un problema que le preocupa pero que rara vez
se acompañan de medios para sostener su participación
en una organización prolongada. Por ello, no llegan a
suponer un desafío al sistema.

¿En qué se queda una manifestación de 500 000
personas si al día siguiente no tienen ninguna asamblea a
la que acudir y organizar el siguiente paso? Para salir de
este enésimo estado de crisis y plantarle cara al fascismo
necesitamos algo más que recoger las migajas que quedan
del estado de bienestar. Necesitamos un tejido fuerte
que exista más allá de los partidos, las instituciones y los
momentos periódicos de movilización. **El mejor «cordón
sanitario» es una red de espacios de cooperación en los
que salir del estado de decepción y apatía hacia al futuro,**

que hagan de este periodo de resistencia una oportunidad para consolidar la conciencia de clase. El fascismo sabe encontrar su hueco en las brechas de una solidaridad obrera cada vez más agujereada. Por eso no hay mejor blindaje contra los discursos de extrema derecha, contra el «sálvese quien pueda», contra el cebarse con el que se encuentra un peldaño por debajo, que luchar codo con codo. Y esto no se construye en 15 días de campaña electoral y cuatro años de legislatura marcados por las promesas incumplidas.

En los ritmos electoralistas no cabe el tiempo necesario para volver a confiar en la organización colectiva. La hegemonía del individualismo y la derrota de proyectos políticos anteriores han generado un fuerte escepticismo contra la organización política. Y donde sí existe organización, se sospecha de la posibilidad de hacer converger nuestra diversidad de luchas por miedo a que en la unión se desdibujen los matices de nuestras causas identitarias. **Organizarnos no es tarea fácil. Se hace con esfuerzo día a día, en las bases, donde se tejen con tesón nuestras luchas para lograr que converjan contra un mismo enemigo.** Creas o no en la toma del poder en las urnas, sin la organización de nuestra clase conformando un verdadero contrapoder sí que no hay futuro para una izquierda que tendrá que seguir enfrentándose a unos medios propiedad del enemigo, unas cloacas policiales, una judicatura franquista y un ejército agazapado pero que no ha perdido las ganas de *empezar a fusilar a 26 millones de hijos de puta.*

Hoy, la crisis ecosocial aprieta, el Estado se refuerza autoritariamente, entramos en una economía de guerra. Este presente exige respuestas. Se ha quebrado la confianza en el parlamento y su democracia. Estamos ante un fin de ciclo. **El ciclo anterior se muere y el nuevo está por llegar. En ese claroscuro nacen dos caminos para la rabia.** Uno es la antipolítica fascista que expande las dimensiones más siniestras del sistema capitalista. Descartado este, solo nos queda el camino que nos lleva a superar el sistema presente. Nuestra tarea: organizarlo.

El identitarismo como cercamiento de la rabia

Todos a una como en Fuenteovejuna

Si algo se puede decir del modelo económico feudal es que la existencia de sus clases sociales era muy explícita. Morías en el mismo estamento en el que habías nacido. Con todo, esto también suponía que la identidad que compartían los campesinos se forjaba en su clase, en la conciencia de pertenecer a un mismo grupo oprimido, unido por la injusticia de la explotación de los señores feudales. El estallido de una revuelta podía suponer un contagio de rabia que saltaba de aldea en aldea, alimentado por agravios comunes: impuestos asfixiantes, abusos señoriales o tierras comunales usurpadas. Cuando los siervos alzaban hoces contra sus señores lo hacían como un mismo cuerpo herido por el látigo feudal: «Cuando Adán araba y Eva hilaba, ¿quién era entonces el caballero?».

Esa unidad se cimentaba en los comunes: tierras colectivas donde pastaban animales, se compartían recursos y su gestión colectiva generaba lazos. En los albores del capitalismo, sin embargo, se fracturó esa unidad. Con los cercamientos, se vallaron esas tierras comunes en parcelas dedicadas a producir mercancías para comercializar en el mercado. Lo colectivo se convirtió en propiedad privada. El capitalismo transformó a los campesinos en proletarios desarraigados, obligados a competir por migajas en ciudades industriales. **Hoy, el identitarismo opera como un cercamiento de la rabia: divide y cerca la rabia común en parcelas identitarias.** Ya no hay señores feudales evidentes, sino agravios privatizados («esta opresión es solo mía», «tu dolor no cuenta como el mío») que aíslan luchas de su raíz común y desarticulan la fuerza del *todos a una*. Nuestras rabias legítimas se van aislando en pequeñas parcelas a las que ponemos vallas.

El identitarismo se enfoca en el individuo y sus rasgos. Estos le permiten acceder (o le excluyen) de un determinado círculo de personas que se supone que comparten una categoría identitaria. El identitarismo te coloca a ti y a tu identidad contra el mundo. Ello provoca cierta crisis existencial: si eres solo esto (tan pequeño en tu parcela de rasgos), ¿hay salida? ¿Puedes abandonar la identidad que te define? El identitarismo balbucea respuestas contradictorias. A veces promete liberación; otras, se enreda en el pesimismo y te dice que no. Este pesimismo surge del propio enfoque individualista que empapa el capitalismo contemporáneo, que limita lo social a conexiones entre individuos de las cuales no emerge una comunidad. El identitarismo se revela incapaz de responder dos preguntas cruciales: ¿Cuándo deberíamos dejar atrás nuestras categorías identitarias? Y más importante aún: ¿realmente queremos hacerlo?

La crisis existencial provoca una sensación de amenaza constante, de miedo a desaparecer. Estos círculos identitarios no son meros espacios de afinidad: son refugios contra una amenaza constante pero difusa. Para protegerlos, se erigen fronteras que aseguren la autopreservación mediante la vigilancia de intrusos (¿quién no tiene los rasgos correctos?). Lógica de sospecha que motiva cacerías de impostores (¿quién dentro del grupo no es suficientemente puro?). Ello definirá quién entra y quién sale, quién puede hablar y quién no. Lo relevante no son tus intenciones, sino si encarnas los atributos validados. Esta delimitación en parcelas identitarias crea momentos efímeros de comunidad pero no consiguen captar la complejidad de quienes somos. **En el fondo, nadie se siente del todo comprendido en su cerco.** Todo el mundo teme ser condenable. Y es que ser condenado no es poca cosa, porque a la condena le acompaña el rechazo o incluso el asco y el odio de la comunidad.

En respuesta a los límites del identitarismo, las comunistas proclaman que lo importante es la opresión de clase. ¿El remedio? La unidad de la clase trabajadora. Este principio abstracto suena bien sobre el papel, pero ¿en qué se materializa? Cuando algunos comunistas se proponen vigilar la sagrada unidad de clase siempre suelen salir perdiendo las mismas. La crítica *queer,* la crítica feminista y la crítica antirracista se perciben como amenazas a la unidad al fragmentar a la clase trabajadora. Pero todo lo que hemos descrito son experiencias propias de la clase. El capitalismo necesita del racismo para justificar la herencia de una precariedad que asegura un suministro de trabajo devaluado, el género para naturalizar el trabajo no pagado y la heteronorma para que se sigan criando obreros. **La clase es la suma viva de todas las experiencias de opresión rastreadas a su raíz.**

A algunos comunistas se les llena la boca con la clase, pero cuando llega el momento de concretar qué aspecto tiene se escaquean. En el capitalismo actual el sujeto más común de la clase obrera es una trabajadora racializada del sur global atravesada por problemas de conciliación laboral y la posibilidad de migrar para sostener a su familia. Cuando estos comunistas se obstinan en señalar los fallos de sus compañeras «identitarias» en el fondo se enredan en los mismos debates anodinos. ¿Quién está más oprimido, un trabajador industrial blanco o una profesora de universidad que sufre racismo? La discusión es inútil porque ambas son expresiones de un sistema injusto. Para confrontarlo se necesita la suma de todos los esfuerzos y ataques en todos los frentes. Las acusaciones de división y fragmentación en pro de la unidad de clase se tienen que leer como lo que realmente son: afirmaciones veladas, pero igual de identitarias, de que la clase obrera es masculina, blanca y heterosexual y lo demás, un puñado de detalles molestos. Así sí se fragmenta la clase.

Este error revela una ignorancia palpable de la clase a la que se supone que estos comunistas vienen a liberar. Tienen una lectura abstracta de la clase y pretenden que el mundo de lo concreto se adapte a su abstracción como mano al guante. En realidad su ideología se compone de un conjunto de vaguedades académicas desde la que se instalan en la cómoda posición de la crítica infinita. Cualquier causa contemporánea, cualquier movimiento realmente existente, cualquier estallido de rabia de la clase trabajadora es examinado con suspicacia y sentenciado como demasiado reformista para ellos, demasiado alejado de la pureza de su comprensión idealizada (o anacrónica) de la revolución como para merecer su atención e intervención. Y si lo hacen pero fracasan acusan condescendientemente a la clase trabajadora de no ser lo suficientemente revolucionaria. El problema no es que la clase no esté «ilustrada», sino que ellos no saben hablarle.

El empuje de estos comunistas, en su mayoría jóvenes estudiantes, tiene un gran potencial, pero solo dará frutos cuando acepten que **el mundo no se cambia en base a las condiciones deseadas sino a las realmente existentes.** Eso, y que la teoría que no aporta a la práctica es una teoría inútil. La tendencia de estas actitudes es precisamente al aislamiento, al replegarse a grupúsculos autorreferenciales, dogmáticos e intransigentes en los que se reafirman los unos a los otros mediante el uso de determinadas retóricas compartidas. Es decir, en el fondo, son tan identitarios como aquellos a quienes critican. Así es imposible cumplir el papel de vanguardia del que muchos hablan. Cuando hablan de la famosa vanguardia se refieren a un rasgo identitario que les distingue del resto pero no es eso. Estar o no en la vanguardia es cambiante. Una posición de vanguardia se determina en tu capacidad de intervenir en las luchas del presente con el resto de agentes políticos. A menudo implica canalizar la rabia espontánea y no despreciarla como poco revolucionaria en base a unos criterios tan exigentes como faltos de concreción cuando se rasca la superficie.

Retirarse hacia espacios políticos idealizados se ha convertido en un síntoma de época. De la pérdida de horizonte emerge una mentalidad romántica en la que se confunde la crítica al capitalismo con una percepción de lo social como una condena para el individuo. Ante esa sensación de asfixia, se responde seleccionando a un puñado de elegidos con los que transcender el sistema. En estos espacios utópicos, la superación del capitalismo se logra adoptando ciertos estilos de vida o de consumo. La consecuencia más destacada de esta mentalidad es la creencia explícita o implícita de que la superación del capitalismo depende de la mera adopción de voluntades personales en la dirección correcta. Lo cual implica más pronto que tarde una valoración moral de quienes no han tomado (o no han podido tomar) el mismo camino que ellos, quienes no han «rechazado» ciertas formas del capitalismo en sus vidas personales. Ajustarse a ciertas prácticas, condenar cierto consumo, expresarse con el vocabulario correcto. Así se llega a un hermetismo soberbio y a un bloqueo de la experimentalidad y la apertura. Incluso hay quienes, desde estas burbujas de bienhacer, ven las luchas del presente como impuras, poco radicales o demasiado conflictivas. En el fondo, las rechazan porque revelan que sus acciones individuales (incluso cuando se llevan a cabo en grupo) no suponen una amenaza para la reproducción del sistema que dicen impugnar.

Tanto las comunidades anarquistas y autonomistas como los espacios seguros no mixtos aspiran a ser un afuera. Ya sea un afuera del capitalismo, del cisheteropatriarcado y/o del racismo. Todos estos espacios se encuentran en los márgenes del sistema capitalista y son capaces de funcionar como sedes donde organizarnos, en los que cuidarnos en la retaguardia y en los que experimentar y ensayar las relaciones de un mundo posterior al capitalismo. Pero en todos ellos palpita una tensión interna. **Si nos entregamos a la fantasía del afuera, el**

espacio se vicia al concentrar todos los esfuerzos en su reproducción, perdiendo la ambición de participar en la transformación del sistema donde seguimos insertados. Aunque el fugitivismo hacia estos espacios se funda sobre la expectativa de que son capaces de suspender el capitalismo, esto solo es una imagen momentánea que no refleja ni su posición real ni su verdadera utilidad política. Abordar esta tensión, a menudo, provoca en el sujeto atravesado por ella una sensación de agravio por cómo afecta a su identidad. El veganismo es un ejemplo claro de esta conexión entre lucha e identidad. El rechazo del consumo de carne y otros productos animales se significa en un estatus que revela la superioridad moral del consumidor. El veganismo se aproxima desde esta superioridad a quienes todavía consumen carne, lo que provoca un rechazo en ellos porque no se reconocen como moralmente inferiores por seguir unos hábitos alimenticios culturales. Este moralismo se funda sobre la idea del consumo ético, una táctica individual con capacidad de ajustar hasta cierto punto la magnitud y forma de la producción de mercancías. En cambio, articular el veganismo desde la conexión de luchas tiene gran potencial político. Las macrogranjas no son solo focos de sufrimiento animal, también destacan por las condiciones deplorables de sus trabajadores (frecuentemente migrantes) y acaparan agua, desecando los territorios en los que se encuentran y afectando a los agricultores locales. Los monocultivos en el sur global, como la soja destinada a alimentar el ganado, devastan ecosistemas enteros a la vez que sostienen la precariedad mediante la concentración de tierras y el intercambio comercial desigual. La causa por una alimentación más justa puede articular también disputas laborales, antimperialistas y ecologistas, agrupando a más colectivos por el camino.

El identitarismo es, en definitiva, una estrategia política de corto recorrido y escasos resultados. Pero queremos y necesitamos ganar. Y ganar no tiene el aspecto de llegar a ser dueños de parcelas en las que aislarnos en nuestro resentimiento o desde donde formular quejas al Estado. Ganar no significa tener la razón, permanecer puras e impolutas, aspirar a la victoria moral. Ganar es destruir las condiciones que hacen posible hoy la existencia del racismo, el cisheteropatriarcado, el consumo de animales y, por tanto, también de las identidades anticapitalistas, veganas, feministas, antirracistas o *queer* que los confrontan. Condiciones que comparten una misma raíz, condiciones que el capitalismo produce, reproduce y necesita para subsistir.

Toda reivindicación se encuentra con un tope más pronto que tarde. **El cambio estructural que necesita cualquier lucha para llevar su causa hasta las últimas consecuencias requiere de un golpe contundente, uno que solo es posible movilizando a un conjunto de personas mayor que el de quienes se sienten apelados identitariamente por su causa.** Para ello es preciso la *conexión de luchas,* pero no como entes estancos que se apoyan puntualmente, sino como parte de un todo. Puesto que todos caemos de uno u otro lado en las múltiples opresiones que componen el capitalismo, nuestra prioridad no debe ser entablar relaciones de alianza efímeras movidas por un sentimiento moral de deuda. Nuestra prioridad ha de ser crear espacios amplios de camaradas donde se desvelen las conexiones que nos unen hacia una misma lucha. **No necesitamos aliados, necesitamos camaradas.**

El identitarismo no construye poder popular porque personaliza, atomiza y moraliza de manera que su rabia acaba por ser individualizada y arrinconada. **Necesitamos una rabia que exterioriza, conecta y transforma.** Una que congregue una amplia suma de personas movilizadas por una lucha que consideran suya, sean o no hoy sus sujetos más victimizados. Esta es la clave del frente amplio, que anima a enfocar los esfuerzos en cultivar conexiones y afinidades entre luchas que tienen obstáculos o enemigos comunes.

Un ejemplo del poder de la conexión de luchas es la campaña Lesbians and Gays Support the Miners, que retrata la conocida película británica *Pride*. Este colectivo nace en 1984 en respuesta a una oleada de huelgas del sector de la minería. La plataforma londinense liderada por dos jóvenes socialistas gais organizó la recaudación de fondos para la construcción de una caja de resistencia y varios militantes viajaron con frecuencia al sur de Gales para ofrecer su apoyo ahí. Como muestra la película, la campaña fue un éxito en varios sentidos. Por un lado, logró que parte del colectivo LGBT entendiera de forma más amplia su opresión al vincular el ambiente represivo del Gobierno conservador de Margaret Thatcher con las condiciones del conjunto de la clase obrera. Por otro, los momentos compartidos de solidaridad ayudaron a que los mineros cambiaran su punto de vista sobre las personas *queer* y su causa. La huelga acabó sucumbiendo, pero los lazos construidos no: la principal red de sindicatos mineros de Reino Unido presionaría al Partido Laboralista para incluir la causa LGBT en su programa. Tres décadas más tarde, en 2016, nació Lesbians and Gays Support the

Migrants en respuesta al actual contexto británico de políticas antimigratorias. **Contra las vallas, el frente amplio propone trazar caminos que nos ayuden a salir del aislamiento y el replegamiento.** Lo cual supone también una oportunidad para navegar por más espacios y explorar la complejidad de nuestras identidades y vivencias, porque no son fáciles de parcelar. **Los matices propios del identitarismo han sido y son importantes porque cuestionan un falso universalismo blanco y cisheteronormal.** Pero también nos han animado a encerrarnos en estrechos ejercicios de *matizar sobre el matiz* que interpretan el asociar como un subordinar. Cabe recordar que una de las tácticas históricas de las infiltraciones policiales para desbaratar organizaciones revolucionarias era buscar los puntos de conflicto para alimentar las peleas internas y dividir el grupo en vez de aunar esfuerzos contra el capital. Si eres de los que dedican sus esfuerzos en los espacios políticos a esta función quizás puedas contactar a la policía para que te den un sueldo.

La movilización argentina del 1 de febrero de 2025 ilustra el poder de construir desde la asociación. Convocada en respuesta a unas declaraciones de Milei contra el colectivo LGBTIQ+, la manifestación multitudinaria tuvo en el centro a las personas *queer,* pero no solo. La Asamblea Antifascista LGBTIQ+ eligió un marco claro y sencillo: «existen solo dos géneros: fascistas y antifascistas». Este lema resaltaba que el criterio básico para participar en aquella manifestación multitudinaria no era ser *queer,* ni siquiera apoyar explícitamente su causa, sino compartir la rabia contra la política reaccionaria del Gobierno. Sin embargo, tener a la cabeza como principales agentes de la protesta a las personas del colectivo sirvió para que calara un mensaje clave entre los participantes: la lucha contra el Gobierno represivo en Argentina pasa por sumar fuerzas con las personas *queer*. **Necesitamos un modelo organizativo tan interconectado como las crisis a las que responden nuestras luchas.** El frente amplio anima a agregar frente a dividir para construir un todo políticamente complejo. Esta no es una propuesta cándida. Unir no solo produce momentos de placer y desarrollo sino que, a menudo, implica colocar en un mismo espacio a sujetos que no se comprenden. Esto implica un riesgo. Pero es un riesgo que merece la pena con tal de poder propinar golpes más contundentes que la suma de nuestros esfuerzos por separado. Porque los riesgos se previenen y se gestionan, transformando en el proceso a las personas que participan de un espacio común. El frente amplio se podría resumir en un principio sencillo: la unidad nos hace fuertes. Fuertes contra el enemigo común y fuertes para con nosotras.

Del antipunitivismo en la clase...

Imagino que una de las razones por las que la gente se aferra a sus odios con tanta terquedad es porque intuyen que, una vez que el odio desaparece, se verán obligados a enfrentarse al dolor.

James A. Baldwin, *The Fire Next Time,* **1963**

Un comentario grosero, una noticia irritante, las últimas declaraciones de cierto energúmeno. El identitarismo se fundamenta sobre una visión tan individualista, de uno contra los problemas que le atraviesan (o las personas que asocia con esos problemas), que demasiadas veces el avance de la lucha se mide en base a conflictos contra lo que nos desagrada. Esto fomenta **una actitud constante de valoración moral en base al gusto o el disgusto que puede manifestarse como la queja propia de un cliente insatisfecho.** Y lo que disgusta pronto puede producir asco y pulsiones higienistas.

El ejemplo más claro de esto es el **exhibicionismo moral** que supone rechazar públicamente en redes sociales determinados discursos o perfiles señalando sus faltas. Al desmarcarte, buscas validación mediante la afirmación de un estatus de superioridad moral. En su dimensión colectiva, estas dinámicas construyen alianzas con poco recorrido. **En el momento en que el afín comete un error, se activa rápido el protocolo de castigo.** Se le tira a las vías y quien da el empujón aclara su imagen, conservando así su pureza moral. Un gesto todavía más individualista, incluso narcisista, porque lo que mueve al castigo no es una preocupación sincera por la comunidad. Basta con rascar un poco la superficie para ver que velar por la «seguridad» colectiva en ocasiones disfraza un deseo de escarmentar a alguien que ha despertado inquina. A menudo las personas que gritan con más rabia desde la tribuna de este tipo de rituales de cancelación son las primeras en victimizarse. Como participan de círculos cimentados sobre estas dinámicas, más pronto que tarde acaban ocupando el banquillo de los acusados. Entonces sí imploran perdón y comprensión. Entonces el castigo sí es un acto injusto, vengativo y rencoroso.

Esta cultura del castigo es incompatible con el cuidado de espacios sostenibles de organización política. Fuera y dentro de las redes. El **antipunitivismo** propone una cultura alternativa a este modelo. Examina críticamente el castigo como una forma de comprender los agravios y a quienes los cometen. **Nos han educado para percibir los agravios como tachas o fallos morales de sujetos con cualidades equivocadas que corregir o aislar** de la sociedad recta y bienpensante. Sin embargo, la mayoría de actitudes que vemos en sociedad no tienen un origen personal sino estructural. Esto no exime de responsabilidad a quien las realiza, pero obliga a pensar más allá de los casos particulares para desentrañar sus lógicas y ponerles fin. **La cultura del castigo reduce las causas estructurales a meros atenuantes a la vez que relativiza como tolerables las actitudes que no pasan el baremo de merecer castigo.**

Una perspectiva antipunitiva ayuda a focalizar los objetivos de nuestra rabia. No debemos confundir la necesidad de cuidarnos y rechazar las violencias con exigir ideas y comportamientos impolutos. Por ejemplo, antagonizar a los que se caricaturiza como *fachapobres* supone abandonar la posibilidad de convencerlos, alienando a los sujetos que más necesitan de nuestras propuestas de organización y lucha. El punitivismo nos instiga a descargar nuestra rabia contra el sujeto equivocado, entendiéndolo siempre desde la óptica de la amenaza. Exige un trazo fino para expresarse o participar y a la vez demuestra tener una brocha muy gorda a la hora de meter en el mismo saco de lo deplorable un comentario desafortunado, una camarera votante del Partido Popular y un neonazi de cabeza rapada y botas militares.

No son lo mismo. La discrepancia entre nuestra urgente necesidad de emancipación y una actualidad desoladora nos genera frustración. Pero proyectarla contra todo y todos es pedirle peras al olmo. Hay que ajustar nuestra visión del presente. En un momento de derrota histórica de la izquierda, donde en términos generales se considera demostrada la inviabilidad de cualquier esfuerzo por superar el capitalismo, es de esperar la reticencia y el desconocimiento. Es de esperar obreros fachas. De no darse estas condiciones, ¡estaríamos en un momento totalmente distinto!

Las luchas trabajan a partir de las condiciones dadas. En estas condiciones (y no en las que desearíamos estar) reaccionar de manera virulenta ante la más que probable falta de conciencia de clase interseccional solo nos anima a perder apoyos. La derecha sabe aprovechar fácilmente nuestras actitudes y hostilidad al comunicar la crítica, reforzando la percepción de la izquierda como intransigente, puritana, moralista, dogmática, juzgona y elitista. Al hacerlo, le ofrece al damnificado de nuestro escarnio un proyecto reaccionario repleto de contradicciones que sabe cabalgar porque a cada uno le dicen lo que quiere escuchar. Así engloban a feministas transexcluyentes, falangistas antisemitas, venezolanos ricos gais, empresarias que evaden impuestos, neoliberales sionistas, camioneros antifeministas y agricultores negacionistas contra una supuesta izquierda globalista poderosa. La derecha demuestra ser más eficaz que nosotras a la hora de construir frentes amplios. También lo tienen más fácil porque requieren menos articulación: apoyo a sus discursos, voto en las urnas, para algunos poner el cuerpo pero para muchos sencillamente *dejar hacer y dejar pasar* al auge reaccionario. **Nosotras necesitamos más cohesión de acción y ello supone más fricción.**

Cuando se parte de un clima de fragmentación como el actual, la unidad de clase no solo tiene el aspecto de una manifestación masiva o una agradable comida popular. También implica la proliferación de los conflictos esperables al reunir en un mismo espacio de organización a identidades y subjetividades que ni se comprenden, ni tienen costumbre de convivir bajo un mismo techo. Partiendo de esta premisa, para construir frentes amplios necesitamos una herramienta política que nos ayude a aprovechar su máximo potencial transformador. De lo contrario, estamos abocadas a que el conflicto haga estallar por los aires nuestros prematuros intentos de convergencia.

Cuando reconocemos un conflicto, parece que estamos afirmando lo que nos separa. Esto puede alimentar sesgos pesimistas en los que la conexión de luchas parece inalcanzable, cuando precisamente **el conflicto dentro de un mismo espacio político evidencia que estamos intentando conectarnos.** Si queremos salir de los cercamientos de la rabia para formar frentes amplios, necesitamos convertir el conflicto en algo capaz de construir unidad. En algo que sirva para reconocer nuestras conexiones y ayudarnos a descubrir dónde no las hay para así empezar a tejerlas. Asignarle únicamente cualidades negativas al conflicto es comprensible. Existen muchos sujetos oprimidos que conocen de cerca la agresión, por lo que buscan protegerse del dolor. El dolor indica un malestar que necesita gestionarse y al hacerlo nos dirige la atención hacia cuestiones que mejorar. **Un espacio político sostenible no es uno que desea alcanzar un estado utópico sin conflicto ni dolor sino uno que reconoce que la solidaridad de clase y los procesos de lucha generan tensiones y conflictos no solo con el afuera, también en el adentro.** El antipunitivismo político no es una fe ingenua en la bondad del ser humano sino una herramienta para la unidad de clase que reconoce el punto de partida en el que se encuentra nuestro proyecto político. Nos prepara para comunicar, mediar y reparar el dolor y el conflicto.

Los conflictos que acaban por resquebrajar los movimientos señalan que falta cultura de la comunicación y transparencia. **Cuando se produce un conflicto, la gente no sabe ni qué hacer, ni con quién hablar.** No solo le ocurre a la víctima sino, a veces, también a quien sospecha que ha cometido un agravio. No comparte sus sospechas por miedo a las represalias, lo que empeora todavía más las cosas. El dolor que no se comunica se repliega hacia dentro y magnifica sus consecuencias exponencialmente. Produce decepción, molestia y rabia hasta quebrar por completo la confianza en las compañeras. Cuando toda esta tensión estalla, adopta unas dimensiones totalmente distintas a las que tenía al principio. Un espacio antipunitivo necesita confianza. Es fácil percibirla cuando existe un acuerdo entre todas, pero lo difícil es mantenerla cuando se ha visto herida. La paradoja de la gestión antipunitiva de un conflicto radica en que **cuando aparece la desconfianza, la solución pasa por confiar todavía más.** Confiar para comunicar la desconfianza. Confiar en que alguien pueda mediar en el conflicto. Confiar en que la falta de intencionalidad revela potencial de cambio. Confiar en que la reparación aporta más que el castigo. Pero no sería justo exigirle todo esto solo a la persona agraviada, se trata de una responsabilidad colectiva.

Necesitamos alimentar una cultura del conflicto constructiva donde se anime a la confrontación clara y al balance exhaustivo. Algo que solo puede florecer cuando existe el compromiso firme y unánime de ofrecer críticas justas y de actuar en consecuencia a ellas. El fascismo promueve el odio hacia lo que describe como características e identidades personales y, por tanto, perdurables. Necesitamos una gestión antipunitiva de la rabia, que trascienda el enfoque personal y ayude a mejorar las condiciones estructurales de movimientos amplios y diversos. Ahora bien, **este modelo no nos sirve contra la clase que ostenta el poder.**

... Al punitivismo de clase

Se acabaron las buenas palabras. Dile cómo te sientes. Háblale del infierno que has vivido. Hazle saber que quien no está dispuesto a limpiar su casa no debería tener una. Dile que su casa debe arder.

Malcolm X. *¿Quién te ha enseñado a odiarte a ti mismo?*, 1962

El antipunitivismo nos propone tomar una distancia prudencial de los casos particulares para observar las estructuras que los contienen. Sin embargo, este marco no funciona cuando nos enfrentamos a un sistema como el nuestro en el que la responsabilidad parece irrastreable. En él todo son empresas pantalla, sociedades dentro de corporaciones que a su vez contienen otras sociedades, marcas impersonales... **El capitalismo parece no tener rostro.**

Sí, el sistema se compone de un conjunto de relaciones abstractas (clase, medios, trabajo asalariado, etc.), pero para existir más allá del terreno de la conjetura estas abstracciones se materializan de múltiples formas. Por ejemplo, la crisis climática es el resultado de un sistema impersonal fundado sobre un modelo insostenible de crecimiento y consumo. Pero a la vez ese sistema tiene caras, nombres y apellidos. Conocemos cuáles son las cien empresas responsables de la inmensa mayoría de la contaminación. Esas empresas tienen accionistas y ejecutivos que hacen todo lo posible por seguir manteniendo esta estructura insostenible y explotadora para su beneficio particular. Por tanto, el capitalismo sí tiene rostro. Tiene culpables.

Esta es una afirmación muy importante porque el capitalismo sabe crear un marco de responsabilidad deshonesto. Todos hemos escuchado eso de «la culpa es del sistema». Pero ¿quién compone el sistema y qué responsabilidad tiene sobre él? Esta pregunta es crucial porque cuando no la respondemos es fácil caer en enredos que nos desmovilizan. Sí, a todos se nos obliga a participar en el capitalismo, pero a la mayoría desde una posición en la que nuestro impacto todavía es minúsculo. Precisamente por eso nos organizamos para conquistar otra sociedad. Ello pasa por descubrir a los culpables que acaparan el poder y arrancárselo de las manos. **En la clase, antipunitivismo. Contra la clase, punitivismo.**

Es la distinción del enemigo la que permite el reconocimiento del amigo. No hay *nosotros* sin un *ellos*. **El *ellos* es el que permite la construcción del *nosotros* propio del frente amplio en base a nuestra opresión de clase.** O dicho de otra manera, señalar el *ellos* difumina las diferencias identitarias que dificultan la construcción de un *nosotros* imprescindible para el frente amplio. **La rabia nutre y se nutre de este antagonismo.**

En mi experiencia, me ha funcionado bien en redes sociales el lema de «Juicios de Nuremberg Climáticos» porque parte de una referencia que nos es familiar: el juicio que sentó y sentenció a una porción relevante de los máximos responsables del Holocausto. En verdad, los juicios se quedaron muy cortos: no acabaron con el legado del nazismo, ni con la burguesía industrial que lo encumbró. En cualquier caso, los «Juicios de Nuremberg Climáticos» por el momento nos sirven como lema. Al señalar que hay unos culpables concretos del ecocidio a los que juzgar, se aleja de discursos centrados en la responsabilidad individual y politiza la solución. No es una mera figura retórica: la devastación ecológica es un crimen contra la humanidad y contra todas las especies que habitan el planeta.

Hoy por hoy las demandas colectivas ayudan a formar plataformas que, a menudo, se vinculan a procesos de lucha más amplios y prolongados. La querella de las familias de los 7.291 fallecidos como consecuencia del protocolo de la vergüenza de Isabel Díaz Ayuso canaliza la rabia contra el silencio institucional y la impunidad con la que el capitalismo desecha las vidas que no considera rentables. Sin embargo, las causas en los tribunales se enfrentan a una dificultad principal: la manera en la que la clase dominante puede emplear todo tipo de argucias para escapar de la justicia. Posición que, sumada a la lentitud del sistema judicial, coloca a la clase obrera en una relación de asimetría ya que, con frecuencia, no puede acceder a los mismos servicios de abogacía ni asumir los costes de los recursos. Un proceso judicial ambicioso que haga culpable a la clase dominante de los abusos que ha cometido contra la clase desposeída no es imposible, pero necesita de la toma del poder para materializarse. Lo cual invita a preguntarse qué formas de punitivismo de clase podemos llevar a cabo mientras tanto.

Durante el ciclo político anterior, los escraches parecían prometernos momentos colectivos de justicia popular.

Pero en el Estado español tomaron la forma de un grupo pequeño de activistas, generalmente de la Plataforma de Afectados por la Hipoteca (PAH), Podemos u otros movimientos sociales asociados a la candidatura, que perseguían y atosigaban a cargos públicos, banqueros y otras figuras vinculadas a la crisis económica. Esta forma de protesta, inusual en España, causó entusiasmo entre los indignados. Sin embargo, este tipo de escrache tendió a estar fuertemente espectacularizado, pensándose menos como momentos de presión social colectiva y más como oportunidades para crear contenido que poder difundir en redes sociales y medios de comunicación.

Este uso del escrache contrasta con su versión original en Argentina, llevada a cabo por la plataforma HIJOS. Fundada por los huérfanos de los desaparecidos de la dictadura de Videla, esta organización comenzó a llevar a cabo los escraches en respuesta al indulto de los principales responsables de la represión. Tenían como objetivo acercar al público general información sobre los casos y la negligencia del Gobierno convocando concentraciones en los barrios en los que vivían los responsables. Gracias a sus alianzas con otras plataformas lograron una asistencia masiva a estos espacios presenciales que servían de agitación y organización. Estos momentos de presión tuvieron un papel imprescindible en la sentencia de arresto domiciliario contra Videla.

La experiencia argentina nos aporta valiosos aprendizajes para las luchas del presente. Por ejemplo, para la crisis de la vivienda, marcada por desahucios hipotecarios pero también de alquileres. Que no te renueven el contrato para hacer un Airbnb o que tengas que irte porque te doblan el precio también son formas, invisibles, de desahucio. Los principales sindicatos de vivienda llevan a cabo acciones ocasionales de escraches performativos, normalmente centrados en banqueros y directivos de fondos de inversión, como los organizados cada año en Barcelona contra la feria inmobiliaria The District, donde protestan y lanzan pintura a los especuladores.

También realizan escraches como tácticas sindicales de presión contra grandes propietarios que tienen arraigo territorial en forma de algún negocio local. Desde un concesionario a una cadena de restaurantes, estos son los espacios donde se realiza el escrache. Al ser conocidos por la comunidad, son más vulnerables social y económicamente que los directivos grises de un banco o fondo. A la vez, al acercarnos a lo local el relato se torna más complejo y puede generar más simpatías que el «banco malo». Cabe destacar que la experiencia señala claramente que este tipo de propietario es frecuentemente más virulento. Mientras los bancos confían (o externalizan) en los tribunales y policía, estos son más de tomarse la justicia por su propia mano, sea con amenazas o reventando puertas, cuando no agresiones directas. Tengamos todo esto en cuenta más lo aprendido sobre la performatividad de la lucha, y hagamos un ejercicio de imaginación política.

Es una idea que parte de una premisa sencilla: **un cobrador del frac a la inversa.** En vez de culpabilizar a alguien en el espacio público por su morosidad económica, culpabilizar a alguien por su lucro usurero. En vez de embargar su coche, se embarga su reputación. Los *cobradores de la vergüenza* acudirían al entorno inmediato de un rentista para hacer saber a su vecindario o a sus compañeros de trabajo que pretende desahuciar a sus inquilinos por querer rascar una renta aún mayor. La clave está en añadir un extra al cálculo impersonal que lleva al rentista a desahuciar: el coste reputacional. Pero a diferencia de un banco, no se hiere su imagen de marca, sino su estatus moral: «¿Sabías que tu compañero quiere dejar en la calle a una familia de tres hijos?». No haría falta ser especialmente insistente, solo sembrar la semilla y advertir al casero de que en caso de ejecutarse el desahucio, se sabrá. Si ellos pueden llenar los buzones del edificio con anuncios de «compro tu piso», nosotros podemos llenarlos de panfletos con la foto de la familia que el vecino del quinto quiere desahuciar. En una sociedad donde la culpa judeocristiana aún tiene cierto peso, el escarnio público podría funcionar como palanca de negociación. Con estas acciones se mandaría un mensaje claro a los rentistas: el mecanismo frío del mercado y el acaparamiento de inmuebles tiene víctimas y su insensibilidad no les saldrá gratis.

Existe un riesgo en el punitivismo de clase. La hiperfijación con un responsable puede acabar por producir un chivo expiatorio. **Puede llevar a entender lo injusto como un producto de malas personas en posiciones de poder y no de las dinámicas propias de la estructura del poder.** En la crisis de la DANA se viralizaron vídeos que probaban cómo Mercadona había ordenado a sus vehículos de reparto seguir trabajando bajo aquellas devastadoras condiciones climáticas, lo que afectó a la reputación de su presidente Juan Roig. Carlos Mazón, presidente de la Comunitat Valenciana, omitió las advertencias de AEMET y ha mentido flagrantemente cambiando numerosas veces de versión sobre su papel en la crisis. La atención mediática puede provocar un vuelco en las próximas elecciones autonómicas y una probable condena judicial contra Mazón. Sin embargo, si en Valencia y en el resto del Estado no se mejoran los servicios de emergencia, a pesar de que van a ser mucho más necesarios debido a la crisis climática, ni se prohíbe la construcción en zonas inundables, no habremos aprendido nada. La DANA no empezó en el Ventorro.

El equilibrio es delicado. Enfocar demasiado la atención en un puñado de sujetos que encarnan las relaciones capitalistas corre el riesgo de animar a colocar mal las esperanzas, pues no hay que confundir su caída con la caída del sistema capitalista. El capitalismo es perfectamente capaz de continuar sin ellos. Mazón puede ser sustituido por otro candidato de su partido u otro heredero político que incurra en acciones idénticas. Si Juan Roig cayera en desgracia, sus competidores, igual de despiadados, se repartirían su imperio alimenticio.

Este riesgo nos recuerda la importancia de ir más allá del captar la atención y transformarla en movilización. Por un lado, **las experiencias de oposición contra figuras concretas en momentos de alta conflictividad son clave para que la gente se acabe comprometiendo de forma prolongada con la lucha política.** Por el otro, es vital que la antagonización y la rabia se politicen y lograr así comunicar y enmarcar los malestares compartidos dentro de un análisis estructural. Cuando se entiende dónde está uno posicionado en este sistema y cuáles son sus intereses y los de sus semejantes, se desarrolla la conciencia de clase necesaria para organizarse por la superación del sistema capitalista. La rabia contra los políticos corruptos, contra los rentistas, contra los ultrarricos propietarios del mundo ayuda a aclarar quién es

el victimario y quién es la víctima de este sistema impersonal. Organizadas, sus víctimas hoy serán mañana las
sepultureras del sistema.

Del estallido digital a la atención organizada

Lo primero es no asustarnos o sentir impotencia frente a los avances tecnológicos y las relaciones sociales que derivan de ellos. Bajar esas cuestiones a tierra y, sin elitismo ni prepotencia, tomarnos en serio el ciberespacio y quienes lo habitan. Detectar qué queremos obtener de él, qué esperamos que nos ofrezca y qué impide que eso se produzca. Construir a partir de ahí, sin pensar que algo es imposible solo porque todavía no ha pasado.

Proyecto UNA, *La viralidad del Mal*, 2024

El concepto de «feminazi» es el cimiento sobre el que se construyó el antifeminismo. Hoy, el meme sobre la caída del Imperio romano (de los tiempos prósperos nacen hombres débiles, los hombres débiles engendran tiempos difíciles...) está enmarcando nuestros tiempos de crisis como una degeneración de Occidente. **Pero el potencial memético no es patrimonio exclusivo de la derecha.** El viral concepto de «*eat the rich*» o «cómete a los ricos» juega con el absurdo de proponer el canibalismo para expresar un deseo de acabar con la clase explotadora, y consigue así que incluso personas que no conocen términos como explotación o clase puedan compartirlo.

Ante el fenómeno de la orca Gladis, que atacaba en grupo a embarcaciones en el estrecho de Gibraltar, construimos un acontecimiento en el que la naturaleza se vengaba contra los yates de los ultrarricos, lo que ayudó a normalizar el deseo de venganza climática contra los principales responsables de la crisis ecosocial. Algo similar ocurrió con la noticia del OceanGate, un submarino cuyo estallido en el fondo marino provocó la muerte de sus millonarios pasajeros. Dotado de entidad propia, el submarino convertido en meme supuso un símbolo de justicia poética contra una clase cuyas extravagancias producen emisiones de lujo y se pagan con el trabajo explotado de cientos de trabajadores. O la guillotina que te hace ojitos pidiendo que la alimentes, dando patíbulo a un punitivismo de clase nacido de la rabia.

Pero tan cierto es que los acontecimientos en redes refuerzan determinados marcos, como que construyen **momentos efímeros de rabia que se agotan más pronto que tarde. La rabia estalla pero no se organiza.** Muchos se conmocionaron con las imágenes de la muerte de Alan en el 2015, un niño kurdo ahogado intentando llegar a la costa griega. Taylor Swift y sus viajes en jet privado son objeto de rabia y burla memética constante en redes, evidenciando que la contaminación que tantas vidas se cobra tiene sello de clase. Y, sin embargo, la cifra de víctimas de las rutas migratorias sigue aumentando y la prohibición del uso de jets privados no parece estar en el horizonte. Necesitamos una rabia digital que se canalice en organización presencial. Menos rabia recalentada y contenida a los límites de internet y más ejemplos como el de las camareras de piso: las Kellys (las que limpian).

Esta profesión se caracteriza por sus malas condiciones laborales, la rotatividad y los casos de irregularidad, por lo que es especialmente común entre personas racializadas y en situación de precariedad e irregularidad. Un sujeto al que no alcanzan la mayoría de los sindicatos. Descontentas con su situación, las Kellys comenzaron a entrar en contacto en 2014 por un grupo de Facebook con ese nombre donde expresaban su rabia en forma de desahogo colectivo. La conectividad de internet jugó un papel fundamental para compartir sus experiencias motivándoles a fundar la asociación Las Kellys, que ha librado importantes campañas para visibilizar y mejorar sus condiciones laborales. **Las redes sociales están basadas en la hiperconexión pero a la vez en la atomización de perfiles.** La mayoría de *influencers* trabajan en solitario y se relacionan principalmente con las comunidades *online* a las que apelan. Cuando se dan colaboraciones entre ellos, habitualmente son de uno a uno y puntuales, no sostenidas. Esto también incluye a los creadores de contenido de izquierdas, que si bien predican las virtudes de la acción colectiva, su acción política en redes es marcadamente personal e individual. En muchas ocasiones, están desconectados de los movimientos sociales. Pueden conocer e incluso simpatizar con algún grupo pero rara vez mantienen contacto o vinculan la creación de contenido a su actividad.

Por su parte, los movimientos sociales todavía están aprendiendo a manejarse en un contexto en el que internet acapara tanta atención. La mayoría coinciden en que resulta difícil, si no imposible, elevar sus contenidos y convocatorias entre la marea de *infoxicación*. Es ante todo un problema de formato. Las redes y sus usuarias están predispuestas a cierto tipo de contenidos, rápidos y visuales, que no encaja con aburridos manifiestos. Solo las organizaciones que están tomándose en serio la creación de contenido propio adaptado al lenguaje de redes, como el Sindicato de Inquilinas, consiguen viralizarse.

La creación constante de contenido cimienta un semillero de atención y seguidores que funciona como un capital algorítmico que puede movilizarse en los momentos adecuados. Pero esto exige una cantidad de trabajo constante agotadora (créeme...). Para grupos pequeños, dedicar una porción de sus esfuerzos a unas redes que frecuentemente no consiguen atraer a más personas puede ser improductivo.

Es importante que la izquierda **reflexione tácticamente sobre las redes sociales, las conciba como una herramienta y medite la forma en la que usarlas, si estar o no y de qué manera.** Ciertamente es un espacio político clave y lograr atención digital es útil porque permite impulsar campañas con mucho impacto. La derecha lo sabe bien, dedican no pocos esfuerzos y dinero en ello. Cuentan con un entramado preexistente de medios afines y mucho capital que invertir en juego sucio como enjambres de bots y campañas pagadas para fingir apoyo popular espontáneo. No es casualidad que suelan llevar la voz cantante y que todas nos enredemos en sus acontecimientos.

No debemos alimentar las publicaciones reaccionarias. Eso incluye no obsesionarnos en darle vueltas y más vueltas a los discursos fascistas, en contestarles indignados al grito de «¡¡veis lo malas personas que son!!». En ocasiones, puede ser práctico dar una respuesta propositiva, aprovechando el contexto de atención para compartir nuestro discurso. Pero en la mayoría de ocasiones darle bombo al acontecimiento reaccionario del día es mala idea. Mejor hacer clic en los ajustes de esa publicación y escoger «ocultar / no me interesa este post», acción que hunde su alcance.

Dicho esto, es interesante ver la otra cara de la moneda. Démosle *engagement* a contenidos políticos que sí tienen que verse y que además suelen estar castigados por el algoritmo. Entiendo que es contraintuitivo darle *me gusta* a, por ejemplo, un *post* sobre el genocidio en Palestina, pero es mejor entenderlo como un botón de «quiero que el algoritmo lo muestre a más gente». Un *like* lo empuja, un *guardado* más. Un *compartido* es como si le dieras un panfleto a tus amigos, aún mejor porque no proviene de un extraño en la calle sino de alguien en cuyo criterio (en principio) confían. Pero no pensemos que ir repartiendo *likes* tiene más potencial que cualquier elección de consumo. Ambas son elecciones personales que pueden, agregadas, afectar el mercado, sea de mercancías o de publicaciones. Pero el verdadero poder yace siempre en la organización colectiva.

Cuando somos nosotras las que alimentamos un acontecimiento viral, como el caso de Luigi Mangione, este emerge desordenadamente por pura convergencia de opiniones y aleatoriedad. En redes, como en la política, es muy importante llevar la iniciativa, no jugar solo a la defensiva. En general, desde la izquierda, sea en forma de colectivos o individuos, sí solemos responder conjuntamente a sus ataques. Pero en lo que respecta a la ofensiva en redes, a ser nosotras las que dirigimos la mirada a un suceso, a establecer los términos del debate, nos encallamos en competir por la misma atención. Desatomizar la acción en redes, colectivizar la divulgación, agitación y propaganda digital empieza a ser cada vez más necesario. **Necesitamos dejar de competir por la atención y empezar a organizarla.**

Un paso en esta dirección sería desarrollar planes coordinados de acción en redes sociales para asegurar una presencia sostenida y constante de contenido de izquierdas. Podemos imaginar coordinadoras de contenido, en las que diversos grupos y movimientos sociales planifiquen sus publicaciones y acuerden difundirse mutuamente para maximizar el cómputo total de atención hacia sus discursos con un menor esfuerzo de creación. Aunque podemos prever dificultades, esta coordinación podría retroalimentarse con la también compleja pero necesaria construcción de frentes amplios de lucha. Por otro lado, la temporalidad frenética de internet no suele ser amiga de la calendarización. Una versión más ágil de esta propuesta sería la creación de grupos de chat o foros con representantes de las comisiones de comunicación de diversos grupos desde los que comentar la actualidad y valorar los mejores marcos con los que responder a ella, tratando de construir acontecimientos propicios y empujarlos conjuntamente.

El *marketing* tiene claro que para acercar una marca al público son muy útiles las colaboraciones aparentemente orgánicas con *influencers*. Pues si jugamos a estar en redes, hay que plantearse aprender de lo que ya funciona. A diferencia de las empresas, los movimientos sociales pueden aspirar a vincularse gratuitamente con las creadoras de contenido de izquierdas. Es muy fácil criticar a los *influencers* como versos libres a los que *les falta calle,* pero podemos pensar esta desconexión desde una visión de responsabilidades compartidas. Las organizaciones también pueden dar el primer paso, mostrar interés, contactar a estas figuras para invitarlas a asistir a sus actos públicos, proponerles colaboraciones digitales, etc. Se puede conseguir mucho con un mensaje simpático y cuesta poco escribirlo. Si se entabla una relación fructífera, el colectivo podrá apoyarse en figuras dedicadas a la producción de contenido, aligerando esa carga para centrarse más en sus tareas militantes. Por su parte, el *influencer* complejizará su perspectiva política al dialogar con un movimiento de base. Esto enriquecería el ecosistema *online* del contenido político de izquierdas, demasiado centrado precisamente en los ires y venires de los acontecimientos efímeros y en concepciones identitarias de la política.

Seamos realistas: incluso para alguien con cierta conciencia de izquierdas, hay que estar ya muy politizado para plantearte siquiera dar a *seguir* a un perfil con un nombre como «Sindicato de X» o «Colectivo X». A muchos no les seduce la idea de recibir en sus redes convocatorias diarias a manifestaciones. Es café para muy cafeteros. Tener creadores de contenido en tu órbita, que integren tus marcos discursivos en sus publicaciones y que puedan difundir los carteles de las convocatorias importantes puede ser muy práctico para que los colectivos lleguen a esas izquierdas menos politizadas. Potencialmente, **podemos imaginar una figura de militante-*influencer* que normalice la organización política.** Que haga ver que la gente que habita los espacios políticos es accesible, que su actividad tiene un impacto social y que participar de ellos también es empoderante. Al igual que hay *influencers* que popularizan los viajes, ciertos deportes o estilos de vida, unos *influencers* militantes podrían generar interés en la organización política.

Otra forma que puede tomar esta organización digital es la coordinación de la diversidad de creadoras de contenido de izquierdas. Esta fue la idea desde la que fundamos en 2021 el colectivo Pantube. Nos organizamos asambleariamente desde el principio de apoyo mutuo, poniendo el foco en los cuidados (necesario ante los monetizadores de odio y su acoso y derribo constante, especialmente contra las mujeres) y la intervención estratégica en redes sociales de forma coordinada para tratar de marcar el debate. De manera quizás contraintuitiva, siempre priorizamos los encuentros presenciales. Como sabrás si has hecho alguna vez una videollamada de más de 10 personas, desde lo *online* es difícil organizarse. Pantube tiene ciertos límites. Nuestra radical presencialidad nos confina territorialmente. Si bien conocemos y estamos en contacto con algunos creadores de contenido de Latinoamérica, queda pendiente la articulación de redes de colaboración internacional prolongada. En esto vamos un paso por detrás de la derecha. Se habla de una *Internacional Reaccionaria* debido al carácter global desde el que estas derechas (supuestamente patriotas) declaran su *guerra cultural*. Han logrado que su marco reaccionario sea trasladable a cada país con ligeras variaciones y adaptaciones a los contextos locales. Por eso, no es raro encontrar argentinos enredados en discusiones sobre una controversia española o estadounidenses alabando las medidas de Bukele. El internacionalismo es una asignatura pendiente de la izquierda contemporánea, hoy abrumadoramente más asequible teniendo en cuenta la facilidad de traducción y comunicación instantánea.

Es importante entender que no basta con refutar las ideas de la gente. Cuando criticamos los principios de alguien, se puede sentir personalmente atacado y enrocarse todavía más en ellos porque renunciar a sus principios significaría quedarse vacío de identidad. Necesitamos una actitud propositiva, que ofrezca un proyecto político atractivo y amplio en el que proyectarse.

A pesar de lo que pueda parecer leyendo este libro, soy consciente de que es un proceso prolongado que no se consigue con unos pocos acontecimientos que canalicen la rabia hacia los ultrarricos. Tanto el debate desde lo racional como la empatía y la vulnerabilidad son necesarios en todo desarrollo político.

Organizar la atención nos permitirá acceder a una mayor variedad de usuarios al diversificar el tono y formato del contenido *online* **de izquierdas.** Esto es importante porque la politización funciona a través de ir encadenando contenidos. A menudo, se digiere mejor aquello con un menor peso ideológico, que resulta accesible a un conjunto amplio de la sociedad. La exposición a estos contenidos aumenta progresivamente la tolerancia a discursos más complejos. Podemos entender la organización de la atención digital como un embudo en el cual sus contenidos más abiertos (vídeos cortos, cuentas de memes, etc.), conectan con otros contenidos más complejos (como vídeo-ensayos, artículos) y canalizan a los usuarios hacia las luchas del presente (organizaciones, movimientos sociales, etc.).

A la vez, **un seguidor no es un convencido y un convencido no es un comprometido.** Las redes sociales no pueden resolver por sí solas el problema de la concienciación y participación política. Algunos critican la figura del «ciberactivista», el que limita su compromiso político a repostear contenidos o comentar la actualidad en su perfil sustituyendo el trabajo presencial por gestos digitales. Esta es una crítica justa, pero que no debe olvidar que partimos de un contexto en el que la organización política diaria está muy alejada de la mayoría de gente, incluso de quienes están considerablemente politizados.

Las comunidades *online* pueden funcionar como pasos intermedios donde compartir contenidos, entablar conversaciones y formar una red de usuarios afines. **Un tejido *online* fuerte, tanto en redes comerciales como en foros propios descentralizados, tiene mucho más potencial que la acción desorganizada y personalista que viene caracterizando nuestra actividad *online*.** Un potencial que debe retroalimentarse con la organización colectiva y acciones políticas en la presencialidad, donde reside la posibilidad de cultivar un verdadero poder popular.

Cómo construir un arsenal de rabia

Vivimos en el capitalismo, su poder parece insuperable,
pero también lo parecía el derecho divino de los reyes.
Cualquier poder humano puede ser resistido y superado
por otros humanos.

Ursula K. Le Guin, 2014

La rabia política que no se organiza, en el mejor de los casos acaba por manifestarse como estallidos puntuales de descontento. En el peor de los casos, la derecha pesca en el río revuelto del hastío y la frustración para construir su movimiento de reacción. Necesitamos sostener la rabia para que se mantenga viva de forma prolongada y para canalizarla de la forma más eficaz posible hacia objetivos claros en los momentos de conflictividad social. Necesitamos construir **un arsenal de rabia,** que no sea un almacén pasivo sino todo un laboratorio vivo de la rabia. Solemos encontrarla disipada, reconcentrada o desorganizada, por lo que se evapora en estallidos efímeros o acaba secuestrada por proyectos reaccionarios. Para que la rabia pueda ser acumulada se tiene que trasformar del malestar individual o de la indignación efímera a una rabia más prolongada, organizada y orientada a lo estructural. Así, estaría lista para su despliegue en forma de detonación controlada contra los objetivos adecuados en momentos de movilización.

Posiblemente, leyendo esto ahora o en otros momentos del libro, te puedes haber preguntado «pero ¿esto cómo se hace?». Este capítulo tratará de ofrecer algunos apuntes para la organización y movilización política de nuestro tiempo, inspirado por las claves del nuevo sindicalismo estadounidense. En este sentido, estas notas no son un modelo cerrado, sino un intento de sistematizar algunos aprendizajes.

Es útil conceptualizar los procesos de lucha política en dos fases: la organización y la movilización. La fase de organización consiste en un trabajo prolongado de tejer, sostener y consolidar participantes y lograr su compromiso político. Un trabajo más invisible pero vital. La fase de movilización es lo que se nos viene a la mente cuando pensamos en la lucha política: manifestaciones, huelgas, acciones disruptivas… Es más visible y ruidosa, frecuentemente empapada por la rabia. Estas dos fases no son consecutivas. La movilización es a menudo para muchos la puerta de entrada a organizarse y, al mismo tiempo, la organización acumula fuerzas que se descargan en las movilizaciones. La cultura política actual suele priorizar la fase de movilización, logrando en ocasiones un número considerable de asistentes que, sin embargo, luego no se vuelcan en estructuras políticas con un carácter más permanente.

¿Cómo organizamos y expandimos nuestra fuerza? Podemos identificar cuatro actividades principales de la **fase de organización** que contribuyen a mantener un tejido político activo y sostenible: **olfatear, sembrar, ocupar y aprender.** Aunque existe una conexión lógica entre ellas, se necesita del esfuerzo constante en todas para que un movimiento pueda salir adelante.

Olfatear significa oler con ahínco y persistentemente, indagar, averiguar con viva curiosidad y empeño. Desarrollar nuestro olfato político sería trasladar esta actitud a nuestra percepción y análisis de las circunstancias políticas del presente. Significa ser conscientes del momento histórico, sopesar las dimensiones de las grandes amenazas de nuestro tiempo, pero también mantener la nariz pegada a escala local, averiguar dónde se va concentrando la conflictividad política en nuestro entorno. ¿Quiénes son los agentes políticos más implicados de una lucha, quiénes podrían serlo por cómo les afecta? ¿Qué fuerzas están ya desarrolladas, contra qué fuerzas nos enfrentamos, qué límites y oportunidades hay? Una vez nuestro olfato ha localizado y comprendido un conflicto se hace necesario sembrar en las grietas detectadas para que ahí brote organización y lucha política.

Sembrar significa arrojar y esparcir las semillas en la tierra preparada para este fin. También es dar principio o causa a algo, hacer algo para obtener fruto. A nivel político, sembrar se basa en conectar: conectar entre ellas a las personas afectadas por una misma causa, conectar sus quejas para plantear una imagen completa de la situación, conectar otros conflictos con el suyo desde una comprensión estructural del problema que permita tejer alianzas. Necesitamos espacios presenciales de encuentro en los que se materialicen estas conexiones y en los que desarrollar una cultura política accesible alejada del aislamiento y la fragmentación. Espacios sostenidos por la confianza en el objetivo político que nos une y confianza entre quienes participamos. Construirlos necesita tiempo, lo cual a menudo choca con los ritmos de la política. No podemos dejarnos arrastrar por la urgencia pero tampoco podemos aletargarnos en una preparación infinita: sembramos mientras andamos.

Ocupar implica dar qué hacer o en qué trabajar. Podemos pensar que los periodos calmados de baja movilización política son momentos de descanso. Pero, en realidad, son etapas de gran importancia, cuando precisamente más necesario es el trabajo para crear el tejido vivo de participantes que se movilizará en el momento correcto. El reparto de las tareas debe priorizar que todas las integrantes estén ocupadas, ayudándoles a desarrollar su conciencia y capacidad de trabajo. Así las participantes fortalecen sus habilidades y están preparadas para asumir mayores cargas de trabajo durante un proceso de movilización.

Por otro lado, **ocupar** también significa preocuparse por una persona, prestarle atención y hacerla sentir atendida. Necesitamos incorporarlas en los debates y trabajos, animarlas a participar y a desarrollar proyectos por iniciativa propia. Esto es importante porque permite a un movimiento resultar accesible para las personas que empiezan a comprometerse políticamente. De lo contrario, se corre el riesgo de generar dinámicas asimétricas, donde ciertas personas asumen más trabajo y con ello más autoridad implícita. El reparto de la carga empodera a todas las participantes y evita que unas se quemen por el sobreesfuerzo y que las otras sientan el espacio como algo ajeno. Esta óptica ayuda a mantener una cultura regenerativa, desde la que se fomentan los cuidados en la retaguardia con la intención de generar un espacio sostenible, capaz de asumir los retos externos e internos de organizarse políticamente. Los movimientos accesibles y empoderantes para sus integrantes y conectados con su ecosistema político son capaces de proponerse objetivos a corto y largo plazo, aumentando progresivamente su ambición política y aprendiendo de cada derrota y victoria. Para ello, los cuidados han de ser colectivos. Es insostenible e injusto que sigan cayendo sobre las mismas de siempre.

Aprender es adquirir el conocimiento de algo por medio del estudio o de la experiencia. Solemos pensar en el aprendizaje colectivo dentro de los movimientos como talleres y formaciones dirigidas a desarrollar herramientas prácticas o el conocimiento teórico. Esto es muy importante. Pero también podemos enfocar el aprendizaje de otra manera, atendiendo a cómo reflexiona la organización sobre su actividad política. Cuando mantenemos una actitud experimental, formulamos propuestas sobre qué hacer en base a cada momento, planteándonos cómo pueden aportar a cumplir nuestros objetivos. Las propuestas no son acertadas o equivocadas *a priori* sino que se demuestra su utilidad y acierto poniéndolas en práctica. Cada puesta en práctica nos proporciona información para un proceso de evaluación crítica y autocrítica. La crítica constructiva empieza con la construcción de un acuerdo sobre los hechos. Desde ahí, se procede a valorar los hechos y sus efectos. En base a esa valoración se concluye planteando propuestas concretas, claras y realizables. En esta actividad es fundamental que haya personas encargadas de mediar y moderar. Se necesita una visión antipunitiva que mida nuestras responsabilidades y agencia con las estructuras que las enmarcan. La crítica fluye cuando existe un clima de confianza e implicación por parte de las participantes. Es importante fomentar el posicionamiento político, el disenso e incluso el conflicto, entendiendo que nos ayudan a profundizar en los debates y que el acuerdo no es lo mismo que la homogenización acrítica del pensamiento.

Un arsenal de rabia no debe ser algo estático sino cambiante, dinámico, necesita ponerse en movimiento. No se puede entender la organización sin la **fase de movilización** y el contexto en el que sucede. Hay hechos críticos que empujan a la gente a la acción política. La chispa puede proceder de diversas partes. Son muchas las decisiones de un Gobierno o las injusticias que comete una empresa que pueden empujar a la gente a responder. También son muchas las formas en las que la rabia se acaba manifestando: desde unos disturbios espontáneos en la calle a una huelga. Algunos de sus participantes estarán organizados políticamente. Otros, no. Estos momentos suponen una oportunidad para muchos espacios de organización política de participar en una confrontación contra el sistema, avanzando posiciones. Por otra parte, los momentos de movilización suponen para mucha gente sus primeras experiencias políticas, animándose después a organizarse en espacios de largo recorrido.

¿Cómo movilizamos y distribuimos nuestra fuerza? Propongo cuatro claves que nos pueden ayudar a abordar los momentos de movilización: **aprovecha el momento, escala pero juega al límite, piensa a largo plazo y pídelo todo pero sal con una victoria.**

Aprovecha el momento. La capacidad estratégica se demuestra no solo leyendo el contexto sociopolítico con agudeza sino sabiendo actuar proactivamente con flexibilidad y pragmatismo ante una ventana de oportunidad. Durante una crisis, una actitud ágil, sensible a las necesidades reales y urgentes de la población propone tácticas efectivas. Simultáneamente, se politiza el conflicto enmarcándolo correctamente en un discurso más amplio, conectando ideas y horizontes con realidades cambiantes. La clave está en desplegar soluciones creativas en sintonía con el ritmo de la sociedad que sean potencialmente replicables y que además generen consensos en la mayoría social o, por lo menos, en el público afectado al que se quiere apelar. Si se ha hecho un buen trabajo de organización previo se podrá recurrir a un arsenal de rabia capaz de localizar rápido una brecha y actuar en ella, movilizando al conjunto de las fuerzas vivas de un movimiento para propinar un golpe contundente.

Escala pero juega al límite. Escalar significa aumentar la confrontación contra las estructuras de opresión y aspirar a objetivos políticos ambiciosos, evitando que las acciones se queden solo en la escala en la que empezaron. Si un frente de lucha está consolidado hay que considerar formas de ampliarlo o intensificarlo. Los movimientos no solo deben ser fuertes de resistencia en los que protegerse del sistema sino plataformas para combatirlo. Tan necesaria es la defensa como saber pasar a la ofensiva cuando se aprovecha el momento. Una ofensiva que no puede llegar solo de mano de un grupo reducido altamente combativo sino desde amplias mayorías sociales. Ello implica entrenar una actitud creativa con los límites de lo permitido.

No podemos confinarnos en formas de lucha que, por muy permitidas que estén, tienen escaso recorrido político. Tampoco podemos transgredir los límites de lo permitido de una manera que posibilite la desarticulación de nuestros movimientos, sobre todo en un contexto en el que determinadas formas de lucha no cuentan con el apoyo suficiente de la sociedad general. La conflictividad ha de aumentar gradualmente, refrendada por un apoyo con sólidas raíces en las bases. Puede ser inteligente apoyarse en prácticas que evitan quebrar la legalidad vigente pero mantienen una alta capacidad de presión, y también en aquellas que se diseñan desde el principio pensando en su carácter replicable. **Un límite no es una frontera sino una oportunidad de experimentación cuando lo abordamos desde la audacia y prudencia.**

Piensa en el largo plazo. Para que las acciones no se queden en pequeños estallidos de actividad no deben enfocarse en lo inmediato. Esto implica pensar las acciones y la escalada desde la inercia, es decir, tener en cuenta que un movimiento pueda llevar a otro. Esta inercia necesita, por otra parte, de una estructura organizativa duradera, más allá de los instantes de movilización política. Los problemas estructurales a los que nos enfrentamos no pueden conquistarse únicamente desde los momentos efímeros de combatividad. Toda movilización debe diseñarse con la perspectiva de que construya nuevas o nutra las existentes estructuras de organización a largo plazo. Esto tiene implicaciones también a la hora de elegir la forma de luchar porque las acciones combativas con poca capacidad regenerativa acaban por cobrarse participantes, apoyos y alianzas, agotándose así en el corto plazo. Cada acción debe sopesarse en base al coste, al avance esperado y a la posibilidad de continuar.

Pídelo todo, pero sal con una victoria. Al principio de un conflicto es fácil que la autoridad afectada (sea el Gobierno, una empresa, una institución…) trate de apagar la movilización ofreciéndose a negociar. Ocurre cuando creen que en ese punto el movimiento no ha alcanzado la madurez suficiente para saber qué necesita, por lo que puede estar dispuesto a contentarse con poco. En cambio, si el movimiento se estira en el tiempo e incluye a más agentes políticos habrá que conceder más para salir del paso o, quién sabe, quizá concederlo todo. Las negociaciones, sobre todo cuando suceden de forma apresurada, son momentos delicados en los que las instituciones pueden colgarse una medalla a la generosidad o retratar socialmente a las personas movilizadas como inflexibles y desconectadas de la realidad. Por otro lado, una negociación infructuosa también nos puede dar motivos para escalar.

Sentarse en una negociación, incluso si se sospecha que va a ser infructuosa, ayuda a un movimiento a estructurar sus demandas. Deben plantearse demandas ambiciosas, pensando más allá de lo que consideremos como viable que nos concedan. Salir de la caja de lo posible, de las fronteras impuestas de lo razonable, es un ejercicio de imaginación política que construye un horizonte que anima a seguir organizándose y a escalar. Ahora, hay que saber reconocer también la importancia que toma, bajo las condiciones del presente, cualquier victoria. Estamos en un contexto en el que la organización política se considera como demostradamente inútil y la movilización social se concentra únicamente en demandar que se cuide lo poco que aún no nos han quitado. Por lo que hay que saber jugar con astucia, tomar y celebrar lo que les ganamos a la vez que se denuncia lo poco que nos dan. **Salir con una victoria que motive a seguir organizándose, que demuestre el poder de la acción colectiva.**

Una movilización no es un movimiento. Para afrontar los retos del presente y el futuro necesitamos algo más que momentos de gran asistencia o de atención en redes, para librar una lucha más lenta pero sin pausa. Los espacios presenciales politizados todavía echan para atrás a mucha gente que está dando sus primeros pasos. Para muchos es una barrera difícil de cruzar porque creen que no conocen lo suficiente o porque se trata, admitámoslo, de circuitos bastante cerrados. La implantación a varios niveles es clave: en los vecindarios, en los espacios culturales, en el circuito *online*... Construir una comunidad con múltiples vías de acceso, interconectadas entre sí. Los espacios abiertos, en los cuales resulta sencillo participar del trabajo común, involucrarse en acciones y forjar vínculos políticos producen integrantes comprometidos y con iniciativa, convencidos de la importancia de organizarse. Porque también el comprometerse convence.

Hay que romper con la tendencia a aislarse en pequeños corros para pensar en movimientos tan plurales como amplios. La conexión de luchas juega un papel crucial porque ayuda a construir un tejido vivo en el que logramos movilizar a todo el sector organizado cuando las circunstancias piden poner fuerzas. La conexión de luchas necesita de algo más que una lógica de alianza, necesita de un sentimiento de pertenencia a una lucha común. Esto se logra con frentes amplios construidos desde la presencialidad, el antipunitivismo y la puesta en común de nuestras realidades para construir un programa común ambicioso.

Hoy sentimos una pérdida de horizonte político. Nos concentramos en apagar fuegos y defender lo poco que nos queda, pero la ambición y la cooperación se han vuelto más importantes que nunca. Allá donde no existe un movimiento por cualquiera de las causas inmediatas que atraviesan a la gente de a pie hay que crearlo para poco a poco reconstruir el tejido social. Sin comunidad organizada, resulta imposible imaginar y, menos aún, poner en práctica algo más que sobrevivir a este sistema que nos consume. Las posturas dogmáticas, nacidas de la necesidad de defender a capa y espada una identidad, se prueban una y otra vez insuficientes para esta tarea por un sencillo motivo: carecen de flexibilidad y conexión con la realidad. Pretenden lo contrario, que la realidad se ajuste a modelos rígidos, construidos del presente. Ser flexible, probar y aprender de lo probado da resultados más eficaces, construye movimientos sostenibles y logra mayores apoyos. **Sin movimientos vivos y organizados para durar hay pocas bases desde las que luchar. Y se vienen momentos de lucha.** El auge fascista, la militarización de la sociedad y el agravamiento de la crisis ecosocial son problemas que han venido para quedarse. Por delante tenemos una época crítica repleta de dificultades y retos que nos ponen en jaque. Pero ni el derrotismo ni el posibilismo (en el fondo otra forma de derrotismo) deben impedirnos buscar las ventanas que aún están abiertas. No podemos permitirnos ignorar la rabia, cediéndosela al fascismo. **Elevemos nuestra rabia a su máximo potencial político, disputemos el presente para ganarnos un futuro.**

Este libro es una toma de posición radical ante una crisis de fin de ciclo político, en el contexto de una crisis de época. Se ha escrito desde la voluntad de que, más que un texto, sea un artefacto cargado de futuro. Por esto te pido, por favor, que prestes este libro, que pase por muchas manos. Si te ha sugerido alguna reflexión, aunque sea crítica con mis tesis, por favor, discútela. Y si alguna práctica, táctica o enfoque político te ha inspirado, por favor, experimenta con ello. Organizándonos colectivamente podemos ganarlo todo. Si no participas de un espacio político, te propongo que te animes a intentarlo. Probablemente en tu entorno hay algún colectivo por el que te sientas próximo. Si sabes dónde se organizan infórmate del próximo evento, márcatelo en el calendario, acércate y pregunta cómo participar más en el espacio. Si lo prefieres empieza con un mensaje por correo o en sus redes. No tengas vergüenza, te responderán. Están deseosas de que se una gente como tú. No estás sola en tu rabia. Tu rabia es la de muchos. **Organicemos la rabia porque la rabia es nuestra.**

Epílogo:
Hacia un antimilitarismo no pacifista

Cada generación vaga en la penumbra hasta que descubre
su misión. Entonces, solo le quedan dos opciones: cumplirla
o traicionarla.

Frantz Fanon, *Los condenados de la tierra,* **1961**

No dejes de mirar. Eso es lo que nos pedía en
mayo de 2024 la plantilla de Instagram *All Eyes on Rafah*,
cuya imagen y lema llegó a compartirse hasta 47 millones
de veces. La campaña pretendía resaltar la importancia
de impedir que la causa del pueblo palestino cayera en el
olvido tras ocho meses de genocidio israelí. Sin embargo,
conforme la ofensiva de Rafah se desplegaba, el lema desveló su naturaleza macabra. No dejes de mirar mientras
arrasan Rafah. Se asume que va a ocurrir y, por tanto, necesita testigos. Pero no queremos ser testigos del genocidio, queremos detenerlo. Se criticó la campaña por usar
IA pero el verdadero problema del *All Eyes on Rafah* estaba en su marco. Al reducir nuestro margen de acción a
ser testigos, normalizaba la violencia y operaba como una
suerte de profecía autoincumplida. **No necesitábamos
solo ojos, ni entonces, ni ahora. Necesitamos cuerpos.**

Y muchas pusieron el cuerpo. Los mismos días que se viralizaba la campaña, miles de tiendas de campaña brotaron en las universidades de países cómplices con el genocidio. Yo también planté mi tienda en la universidad en la que me estoy doctorando, en la que dormiría los siguientes 32 días. La acampada por Palestina de Madrid no sufrió ningún intento de desalojo violento como sí ocurrió con las camaradas del resto de países. El presidente Pedro Sánchez jugó a evitar el conflicto, de hecho citó a las estudiantes acampadas en las universidades de todo el país en su discurso de reconocimiento del Estado Palestino.

Pero no le habíamos pedido reconocer un Estado con las fronteras de 1967 gobernado por una autoridad palestina subyugada al Estado de Israel. Denunciamos su hipocresía. Ese gesto simbólico era papel mojado mientras mantenía el comercio de armas usadas para exterminar al pueblo palestino. Lo que demandábamos era la ruptura de todo tipo de relaciones con Israel y apoyar la descolonización de Palestina. Qué esperar de Pedro Sánchez, el mismo infame que en 2022 traicionó al pueblo saharaui vendiéndolo al rey de Marruecos a cambio de externalizar a su lado de la frontera de Ceuta y Melilla la masacre de migrantes. Hoy cuatro empresas españolas instalan campos eólicos en el territorio ocupado. Escupimos sobre su neocolonialismo verde.

Si conocéis la política madrileña podréis entender por qué cuando tuvimos que levantar la acampada con la llegada del verano y el vaciado de las universidades no habíamos logrado arrancarles ninguna concesión considerable. Pero otras acampadas sí lo consiguieron: sus universidades se comprometieron a cesar las relaciones institucionales y económicas con Israel. En cualquier caso, todas las acampadas tuvieron sus problemas y límites. A diferencia de las estudiantes chilenas durante el estallido social de 2019, no se logró escalar en formas ni producir un movimiento de oposición social más amplio. No hubo huelga de solidaridad ni de estudiantes ni profesores, no se paralizó la producción en los departamentos de investigación. Más allá de cuando salíamos a ejercer desobediencia civil, las estudiantes quedamos confinadas a nuestros campamentos hasta devenir parte del paisaje.

Pero por primera vez tras siete meses se quebró la dinámica de limitarse a manifestar indignación para pasar a la ofensiva, canalizando la rabia directamente contra los apoyos al sionismo dentro de nuestras fronteras. **Fue clave la radical presencialidad de las acampadas, que se convirtieron en un magma político donde muchas jóvenes se organizaron por primera vez.** Convivíamos codo con codo, se convirtió en un punto de encuentro de otras organizaciones políticas que querían apoyarnos. Acudían muchos palestinos, a veces con comida para cientos de personas. Nos contaban lo que sus familiares estaban sufriendo en Gaza. Lloré mucho esos días. Pero también se respiraba y transpiraba algo muy bello y emocionante. Gente jovencísima pensando y discutiendo sobre tácticas y estrategia, sobre cuál debería ser el siguiente paso. Estábamos entregados a la causa.

Ha pasado más de un año desde entonces. El genocidio sigue. Y cada vez suenan más fuerte los tambores de guerra. **El gasto militar global aumentó en un 9,4 % del 2023 al 2024, el mayor incremento interanual desde la Guerra Fría.** Desde diferentes instituciones se empiezan a difundir discursos que justifican un aumento del militarismo, aclimatándonos a la guerra. La Unión Europea nos insta a preparar un kit de supervivencia con agua, alimento y medicamentos para sobrevivir 72 horas. Esta llamada a un sálvese quien pueda individual como preparatorio para *lo excepcional* llega en un momento de crisis ecosocial, inflacionaria y austericida en la que el *acceso común* a agua, alimento y servicios de salud cada vez está menos garantizado. En los Gobiernos europeos reina un consenso unánime sobre la necesidad de rearmarse con motivos «defensivos».

Pero la realidad es otra. Siempre que exigimos que se proteja el sistema de pensiones, que se repare y adapte la infraestructura al cambio climático o que se garanticen los servicios públicos los Gobiernos se excusan con el *no hay dinero*. Sin embargo, parece que sí podían rascarse los bolsillos y encontrar miles de millones para invertir en tanques, bombas y misiles. Europa ya cuenta con tres de los diez mayores presupuestos en defensa y dos potencias nucleares y, sin embargo, nos quieren convencer de que necesitamos meter millones de dinero público en los bolsillos de los magnates de la industria armamentística. Oligarcas con nombres y apellidos al frente de las mismas empresas que se lucran con el genocidio del pueblo palestino: Thyssenkrupp, Thales, Airbus, Renk, Leonardo, Rheinmetall. **Cuanto más dinero les transfiramos más poder y puestos de trabajo estarán ligados a su maquinaria de guerra, más influencia que usarán para presionar a los Gobiernos en pos de mayores inversiones.** Llevan años realizando *lobby* ante la Unión Europea, vendiendo la idea de que su existencia es necesaria para responder a amenazas globales. Es la historia de nunca acabar. O peor, una que solo acaba con la rentabilización de la producción: descargarlas en una guerra que aún necesitará más armamento. Es el ciclo del complejo industrial militar que lleva décadas secuestrando al Gobierno estadounidense.

El ciclo armamentístico está dominado por un puñado de grandes empresas privadas cuya financiación depende enteramente del presupuesto público. Es un sistema que solo se sostiene por voluntad política. En España el Estado adquiere alrededor de la mitad de lo producido y la otra mitad se exporta. Cuanto más se produce, más se abarata el coste por unidad, lo cual incentiva firmar contratos de exportación para abaratar la producción nacional. Las empresas armamentísticas son las responsables de buscar clientes extranjeros, lo que acaba tejiendo una red de intereses que les da gran poder político para presionar al Gobierno en favor de su beneficio privado, incluso cuando contravienen la ley. La venta de armas a países que vulneren los derechos humanos está prohibida en la legislación española y, sin embargo, el Gobierno lleva años permitiendo la venta de armas a Arabia Saudí, que comete todo tipo de atrocidades contra el pueblo yemení. El consumo interno se combina con una creciente estrategia de exportación armamentística.

Lejos de garantizar nuestra seguridad, la producción de armas aumenta las probabilidades de que estallen conflictos armados. Cuando la única herramienta que tienes es un martillo, todo problema comienza a parecerse a un clavo. Esto se intensifica cuando el mundo se aboca a un contexto bélico. Cuantos más conflictos hay, cuanto mayor es la tensión mundial, más probable es que empiecen nuevas guerras. Es una dinámica que podemos observar en los años que llevaron a la Segunda Guerra Mundial y que estamos viviendo desde la invasión rusa de Ucrania (Azerbaiyán con Nagorno-Karabaj, Israel con Gaza,

China acechando Taiwán...). Cuantas más guerras hay, decrece el coste internacional para un Estado (en forma de aislamiento, sanciones y embargos) de declarar una nueva guerra. No necesitamos más armas. Necesitamos un gran movimiento popular que plante cara a las guerras imperialistas, que de hecho ya está empezando a brotar. En mayo de 2025, justo un año después de la primera oleada de acampadas por Palestina, decidimos volver a acampar en Madrid en respuesta a la declaración de anexión de Gaza. La situación era radicalmente distinta. Un momento de palpable desmovilización a pesar de que las circunstancias en Gaza son más graves que nunca y del clima belicista que recorre Europa. Acampamos precisamente por ello: la presencialidad continuada permite acelerar la organización y acción política. Fuimos de las pioneras, pero pronto se sumaron grupos de otras universidades inglesas y holandesas y también de la Autònoma de Barcelona.

Éramos menos pero más eficientes y cohesionadas, habíamos aprendido de la experiencia anterior. Esta segunda acampada puso en práctica un modelo organizativo diseñado para garantizar la integración y participación, y tuvo siempre la mirada y un pie fuera, forjando alianzas con los movimientos sociales y la sociedad civil organizada contra el genocidio. Durante treinta y tres días, desarrollamos una línea política ambiciosa, que conectaba la lucha del pueblo palestino con el aumento del presupuesto militar. Nuestra principal demanda al gobierno era la aprobación por Real Decreto ley de un embargo integral de armas a Israel. Presionamos con manifestaciones frente la embajada de Israel y la sede del PSOE, además de divulgar sobre la posibilidad e importancia de que el embargo fuera inmediato por decreto y no por ley ordinaria. Construimos una serie de alianzas con organizaciones comprometidas que acabaron siendo clave cuando nos unimos al encierro de las profesoras en el Círculo de Bellas Artes tres meses después, el cual precipitó el anuncio del embargo por Real Decreto ley. Gracias a haber permanecido organizadas tras descampar, pudimos intervenir en cuanto emergió ese espacio. Tras lograr un embargo (incompleto e impreciso), seguimos luchando para cortar el resto de vinculaciones del gobierno y de las universidades con el sionismo, además de oponernos a unos presupuestos militares que nos abocan a guerras imperialistas.

Cuando pensamos en un movimiento de oposición a la guerra, nuestra imaginación nos lleva, como un automatismo, al célebre *No a la guerra* que inundó las calles contra la guerra de Irak en el 2003. Un movimiento con gran impacto a nivel nacional y también internacional, pero en el que abundaba una postura pacifista, basada en la indignación moral ante los desastres de la guerra. Discurso que no aclara por qué proliferan las guerras, a qué economía imperialista responden y cómo detenerlas. Un antibelicismo ambicioso entiende que la guerra no es un fenómeno excepcional provocado por un puñado de hombres malvados o por la incapacidad de nuestros Gobiernos de resolver los conflictos por la vía diplomática. Son conflictos deliberados que responden a intereses privados por la hegemonía financiera y de recursos. Por ello, no podemos conformarnos con una apelación neutral al Estado. Debemos atacar de raíz a los responsables.

Necesitamos otros referentes de oposición a la guerra, como la Rosa de Foc de 1909. Este fue el nombre que dieron los medios de comunicación a la ciudad de Barcelona durante una serie de revueltas organizadas contra la decisión del Gobierno de llamar a filas a los reservistas para la guerra colonial de Marruecos. Las mujeres trabajadoras lideraron las primeras revueltas con acciones insurreccionales como la paralización del puerto en el que embarcaban las tropas. La rabia aumentó en intensidad y los sindicatos convocaron una huelga general con gran seguimiento que se caracterizó por su combatividad. Los manifestantes cortaron la red de tranvías, construyeron barricadas y provocaron incendios en las calles. El Gobierno nacional declaró el estado de guerra. Conocida como la Semana Trágica de Barcelona, la represión se cobró miles de detenidos y decenas de muertos. Esta dureza despertó el repudio nacional y motivó una fuerte campaña internacional de condena al Gobierno que se cobró la presidencia de Antonio Maura y cambió el partido de gobierno.

El capitalismo es un sistema global, por lo que necesitamos organizarnos internacionalmente para superarlo. La Internacional se fundó con este ambicioso propósito de actuar como un espacio de encuentro para los revolucionarios del mundo y diseñar una estrategia común que adaptar a cada estado. Pero entre sus múltiples problemas existía un límite técnico propio de la época, que impedía llevar a cabo una coordinación actualizada al momento. Hoy, el imperialismo contemporáneo ya no ejerce su dominio solo a través de instituciones coloniales. Funciona gracias a una compleja infraestructura digital capaz de procesar cantidades ingentes de datos, permitiendo un control sin precedentes de los países a su merced. Los usuarios civiles solo tenemos acceso a una parte de esa tecnología, pero su conectividad, instantaneidad y facilidad para la traducción presenta igualmente una oportunidad histórica para emplearla en favor de un **movimiento internacional antimilitar altamente coordinado.** En una iniciativa parecida a las mujeres trabajadoras durante la Rosa de Foc, los estibadores de Barcelona aprobaron en asamblea el 10 de noviembre de 2023 impedir la actividad de barcos que envíen armas a Israel. Otros puertos europeos ya han actuado de forma similar ante el genocidio. Pero el potencial es aún mayor si se apoyan en su poder para parar toda la producción. En solidaridad con la Global Sumud Flotilla, el sindicato de estibadores de Génova anunció que, si se perdía el contacto con la flotilla, paralizarían el puerto y con ello, a Europa. Una huelga que suspenda todos los servicios en los principales puertos comerciales de la costa mediterránea podría empujar a los gobiernos a un embargo total o incluso un bloqueo internacional de los puertos israelíes. Supondría una gran presión debido a su posición logística crítica en el sistema económico, pero también se trataría de un ejemplo de performatividad de la lucha, ya que la acción anticiparía el aspecto que tomará su resolución: la paralización del flujo total de mercancías en Europa hasta que no se paralice el flujo total de mercancías en Israel.

Este tipo de acciones conectan con el concepto de **unidad de campos.** Acuñado por la resistencia palestina, describe la coordinación de los diferentes agentes que se oponen a los intereses de los Estados Unidos e Israel en Oriente Medio. Es una estrategia sencilla pensada para sostener la conflictividad en el tiempo. **Cuando un frente del conflicto se ve sometido, otro aprovecha para golpear con fuerza.** Por ejemplo, cuando Israel cortó el suministro de agua y alimentos en Gaza durante el Ramadán, los yemeníes comenzaron de nuevo a atacar a los barcos que entraban en el mar Rojo con dirección a Israel. ¿Qué hacer entonces cuando Estados Unidos bombardea a los yemeníes para restaurar el tráfico en el Mar Rojo? Cortar en Europa la cadena que suministra a los genocidas y sus flotas imperialistas.

El tráfico de mercancías es un objetivo fundamental porque es el corazón de la economía imperialista. En la actualidad, **la principal forma en la que los Estados imperialistas logran el control de un país es mediante la propiedad de su deuda, que usan de palanca para establecer una economía de intercambio desigual.** En ella el agente imperialista importa bienes valiosos por un precio barato, frecuentemente presionando al Gobierno para que le conceda licencias de explotación de sus recursos naturales. El país empobrecido se vuelve dependiente de estas exportaciones y entra en una dinámica en la que importa mercancías sofisticadas del país imperialista por un precio superior al que le supondría producirlas por su cuenta. Pero cuando trata de producirlas y así salir de esta situación, necesita tomar prestado capital para poder desarrollar su economía, endeudándose todavía más con esa u otras potencias imperialistas.

Es común que una élite del propio país se beneficie personalmente de esta dinámica extractivista que empobrece a la mayoría social, convirtiéndose en intermediaria y aliada del imperialismo. Las guerras, presentadas a menudo en los Estados Unidos como cruzadas para proteger la expansión de la democracia por el mundo, son en realidad injerencias para mantener sus aliados locales o invasiones que pretenden proteger o imponer economías de intercambio desigual. Vemos un claro ejemplo en la guerra de Irak de 2003 antes mencionada, cuyo verdadero objetivo era privatizar su petróleo y volver a imponer su comercialización exclusivamente mediante el dólar.

Cabe destacar que cuando pensamos en el imperialismo visualizamos invasiones y golpes de estado, pero esto es solo la parte visible del iceberg. **El imperialismo es fundamentalmente un conjunto de relaciones económicas desiguales entre países, pero también dentro de los países del sur global entre su población y sus élites beneficiadas por el imperialismo.** Imperialismo es cuando interviene un ejército pero también cuando lo hace una delegación del FMI, cuando un dictador sangriento se embolsa los beneficios de las concesiones de minería y, también, cuando un Gobierno elegido en las urnas fomenta el turismo a costa de desplazar a su propia población. La nueva Ruta de la Seda, esa inmensa ruta logística que busca atravesar el continente asiático desde China hasta Europa, por preferible que sea al bombardeo, también es un proyecto imperialista: para su construcción China emite grandes cantidades de deuda que adquieren los países interesados, lo que le permite cimentar su poder en ellos y lograr empujar sus intereses económicos.

Incluso en algunos países europeos conocemos la pérdida de soberanía provocada por el régimen de la deuda. Tras la crisis del 2008, el Banco Central Europeo rescató a países del sur de Europa a cambio de moldear a capricho su modelo económico. Es especialmente conocido el caso de Grecia, cuyo Gobierno trató de renegociar la deuda en 2015. La Unión Europea se negó en rotundo a reestructurar la deuda y sus plazos, ofreciendo únicamente préstamos envenenados con condiciones aún más duras y exigencias de austeridad extrema. El precio a pagar si se oponían: la retirada de fondos europeos y, con ello, el colapso de su sistema bancario. Fue un castigo ejemplarizante, un ejercicio de disciplinamiento. En España el famoso rescate bancario europeo vino de la mano de un modelo económico impuesto desde Bruselas basado en la privatización de servicios públicos, pero también en la venta de la deuda bancaria a fondos privados. Por esto último, fondos como Blackstone dominan el mercado inmobiliario: cuando las hipotecas de baja calidad crediticia que compraron a los bancos se ejecutaron, se quedaron con las casas de los desahuciados.

Esta trampa de la deuda ha cimentado en España un modelo económico marcado por la exportación de productos alimenticios a bajo coste y la dependencia de una economía de servicios volcada en un turismo depredador y a largo plazo insostenible. Es un régimen de precariedad crónica que se mantiene gracias a la explotación de mano de obra migrante devaluada a la vez que genera una fuga de cerebros de los universitarios recién licenciados.

Pero la trampa de la deuda no solo tiene efectos a nivel de relaciones internacionales: es una dinámica inscrita en la estructura del capitalismo como régimen al servicio de la acumulación constante de capital. Por un lado, los préstamos permiten invertir en infraestructura, maquinaria y trabajadores para producir mercancías. Por otro lado, el interés compuesto de la deuda obliga a todos los actores económicos (estados, empresas, individuos) a proyectar un aumento constante de su producción para pagar lo prestado más los intereses. **Es la deuda la que nos ata al imperativo del crecimiento infinito,** imperativo imposible de sostener en un planeta finito y que choca con la necesidad urgente de reducir la contaminación y, para ello, la producción en muchas áreas. La necesidad de decrecer para sostener la vida en la Tierra.

Tanto el movimiento ecologista como el movimiento antimilitarista decolonial conectan sus luchas en la necesidad de romper la dinámica de explotación, y un requisito para ello es la **condonación global de la deuda.** Eliminar toda la deuda supondría colocar en un nuevo punto de partida la economía internacional. Desde ahí, podríamos abordar una reestructuración total que pasaría también por cambiar nuestras relaciones desiguales con los países del sur global, por romper la dominación que ejercen entidades financieras como el Banco Santander, Caixa o BBVA y empresas como Repsol. Inversiones financieras y extractivismo de recursos que mantiene la subordinación de antiguas colonias y que juega un papel fundamental en la actual ocupación de Palestina y del Sáhara Occidental. El candado es el mismo, la deuda. Abandonar el imperialismo y evitar lo peor de la crisis ecosocial pasa necesariamente por condonar globalmente la deuda y romper la economía desigual. Desde ahí, entablar relaciones internacionales basadas en la cooperación y la equidad que permitan una planificación democrática del uso de recursos y del desarrollo global que supere la crisis ecosocial sin dejar a nadie atrás.

Una reestructuración tan ambiciosa no puede depender de los intereses cambiantes de la burguesía, movidos por la concentración de capital, la obtención de beneficios inmediatos y la protección de los monopolios. Como punto de partida, un movimiento antimilitarista ambicioso debería exigir que todas las empresas de los sectores estratégicos se sometieran a planes diseñados para reconvertir la economía y frenar el crecimiento. Pero, en última instancia, necesitaremos poner sobre la mesa la necesidad urgente de **nacionalizar los sectores estratégicos.** Una nacionalización construida desde la participación ciudadana y de las comunidades locales; la seguridad laboral, incluyendo la de quienes perderán su trabajo en el sector fósil; la reducción de la jornada de trabajo y la soberanía de los trabajadores en sus centros. Una nacionalización que nos permitiría absorber toda la mano de obra especializada, acabando con un régimen económico que hoy condena a *la generación más preparada de la historia* a escoger entre migrar o la precariedad crónica. Porque el cálculo de una economía pública no es el de minimizar empleados necesarios para maximizar beneficios, sino el de maximizar el potencial social en su conjunto y coordinar todos los recursos y agentes disponibles donde resulten más eficaces y minimicen externalidades negativas como la contaminación.

Debemos polemizar cómo una industria que juega un papel clave en algo fundamental para la existencia de un Estado se encuentra en manos privadas. Y con ese debate sobre la mesa, lo siguiente será ¿acaso son menos esenciales la energía, el alimento, la vivienda o incluso la infraestructura que mantiene internet? Todo sector estratégico puede y debe ser público. Nacionalizar los sectores estratégicos, invertir en descarbonización y transición energética (y así no depender del gas ruso), relocalizar las cadenas de producción de lo esencial, pasar por un proceso de reconversión industrial y asegurar la soberanía alimentaria son procesos relacionados con la seguridad en tiempos de crisis que requieren determinación política sin aumentar el gasto militar.

Aunque ahora algunos quieren que se olvide, con el Gobierno de coalición de PSOE y Unidas Podemos ya se aumentó el gasto militar de los 11.240 millones de 2020 a 15.610 en 2022. Con Sumar creció hasta los 19.723 millones de euros en 2024. Un aumento del 75,5 % en los cuatro años del Gobierno más progresista de la historia. Pues estas cifras palidecen al lado de la gran inversión aprobada por el consejo de ministros para 2025: 33.123 millones de euros. Además, estas cifras son engañosas. Como denuncian desde el Centre Delàs de Estudios por la Paz, hay partidas bélicas ocultas en otros ministerios, por lo que el gasto real alcanzará los 40.457 millones.

Los fondos que quieren dedicar al rearme suponen unas cifras astronómicas que nuestras mentes son incapaces de asimilar y que acabarán en los bolsillos de los oligarcas de la industria armamentística española y extranjera. En un país con tramas de corrupción en cada esquina, es razonable sospechar sobre cómo se va a invertir esta fortuna. Además, a diferencia de un aeropuerto vacío en Ciudad Real, no es intuitivo si es más útil una inversión de cien millones en chalecos antibalas o un buque de guerra. Por otro lado, si bien podemos aceptar sobre el papel cierto ejército estrictamente defensivo (modelo de torres antiaéreas) mientras rechazamos uno basado en la proyección de poder en el extranjero (modelo de portaaviones), no tenemos el conocimiento técnico para discernirlo.

Por todo ello, necesitamos imponer una **auditoría popular del gasto militar,** a la par que defendemos reducirlo cuanto sea posible. Organizaciones y movimientos sociales podrían especializarse en estos conocimientos y así garantizar que estuviéramos bien informadas, supervisando también que no haya dinero dedicado a la guerra oculto en otros ministerios y que no compremos armas a regímenes imperialistas como Israel o Estados Unidos. Una de las demandas del nuevo movimiento antibélico puede ser auditorías vinculantes por parte de una institución independiente de financiación pública asignada por ley, cuyos cargos estuvieran escogidos de alguna forma democrática y refrendada por el movimiento antimilitar. Por ejemplo, cargos votados por asambleas ciudadanas o por sectores sociales determinados (colectivos antimilitaristas, sindicatos, universidades, etc.), con mandatos cortos y rotación obligatoria.

Resaltar la separación entre la defensa y la proyección de poder es clave porque nuestros Gobiernos juegan constantemente a confundirlas en su discurso militarista. Nos presentan la OTAN como una alianza defensiva para el beneficio de todos sus miembros pero, en realidad, se trata de una organización internacional dominada diplomática y económicamente por los Estados Unidos. Ahora Donald Trump describe la OTAN como un lastre económico para su país, pero, ¿qué es esencialmente la OTAN? Una carísima alianza ofensiva. Es el privilegio de ser las fuerzas reservistas de los Estados Unidos para sus aventuras imperiales allá donde alguien ponga en jaque sus intereses. A cambio de nuestro apoyo subordinado, Europa mantiene cierta parte del pastel neocolonial, principalmente en África. ¿Eso es lo que queremos? ¿Apoyar un sistema-mundo imperialista en un presente de crisis ecosocial que ruega lógicas cooperativas? ¿Vernos arrastradas a una guerra contra China? La OTAN significa alimentar un complejo industrial-militar que exige de conflictos constantes para justificar su existencia. Significa mantener económicamente a una potencia genocida

como Israel para que fabrique armas «testadas en combate». Significa desviar nuestros fondos a la dominación del
sur global en vez de dedicar dichos recursos a implemen-
tar una transición ecológica mundial. La invasión imperialista de Putin y un Trump mezqui-
no con el Viejo Continente ha servido para inocular en
el inconsciente colectivo de los ciudadanos europeos una
sensación de inseguridad que justifica el militarismo.
Pero la idea del rearme, del ejército europeo, no es no-
vedosa, sino que lleva tiempo cociéndose ante un contexto de pugna interimperialista por el control de recursos
cada día más escasos. El miedo promovido por políticos y
prensa está manufacturando el consentimiento para desplegar mucho más que una defensa militar: el paraguas
**de la «autonomía estratégica de la UE» abarca fronteras
duras y mortíferas, protección de negocios y rutas comerciales y capacidad de proyección de poder imperialista.**
La «autonomía estratégica» no radica ni en la defensa
ante una imaginada invasión, ni en un ideal de autonomía como autosuficiencia, sino precisamente en asegu-
rarse que el flujo de recursos, sobre todo los ligados al
sector energético, sigue circulando hacia las metrópolis
de los viejos imperios.

El discurso militarista empieza a cobrarse victorias. El
servicio militar obligatorio cada vez es más popular entre los jóvenes, alrededor de un tercio lo apoyan. Quizás
la imaginan como una especie de campamento de verano donde conseguir disciplina y aprender a madrugar.
Creo que se olvidan de que la mili te hace reservista. No
les parecerá pedagógico morir en una operación en el
cuerno de África. Por supuesto, hay una brecha de género, el apoyo es mucho mayor en hombres marcados

por una crisis de la masculinidad que proyectan sentido vital en una guerra en la que morir. Los discursos patrióticos que llaman a defender la «Europa de los valores» son papel mojado. Hay que desvelarles que la guerra es otro frente de lucha de clases, en la que los trabajadores ponen el cuerpo y los millonarios abren el bolsillo. No dirijas tu rabia al chaval ruso con el que tienes mucho más en común que con los millonarios españoles. Tienes enemigos de kilómetro cero que sí son responsables de tu precarización, desazón vital y ausencia de futuro. O luchas contra tu burguesía imperialista o aceptas que te use de escudo humano.

El **derrotismo revolucionario** es el antídoto contra los espejismos de patriotismo que quieren convencernos de apoyar la maquinaria de guerra. Nacido de la oposición a la Primera Guerra Mundial, resalta que una victoria por parte de tu Gobierno nacional no se traduce en una victoria para ti sino para los intereses de las élites nacionales que impulsan las guerras. De hecho, son momentos en los que el esfuerzo de guerra justifica la suspensión de los derechos laborales y la represión de sindicatos y movimientos de base. A quien acata se le presenta como un buen ciudadano de a pie que hace su parte, y a quien resiste como un «traidor a la patria». El derrotismo revolucionario es ejercer activamente esa resistencia centrando tu lucha contra las propias élites nacionales hasta conseguir tu propia liberación y la de los pueblos sometidos por ellas.

El fenómeno internacional de las acampadas supuso un verdadero momento de derrotismo revolucionario. Al principio, muchas de las estudiantes acamparon movidas por un sentimiento honesto de rabia y responsabilidad moral ante el genocidio, pero en el transcurso de las acampadas radicalizaron sus posicionamientos entendiendo que la derrota del sionismo exige atacar a los intereses imperialistas de sus propios países. Esto supuso un salto cualitativo en la solidaridad con Palestina, ya no centrada en conmoverse, manifestar el descontento y modificar hábitos de consumo sino en tomar partido poniendo el cuerpo. Una superación del campo ideológico despolitizador del humanitarismo, del lenguaje de los derechos humanos y de la fantasía de la «gestión de conflictos», introduciendo una dimensión política antagónica. Una nueva forma de solidaridad que también debe romper la lógica occidental del salvador blanco. No se trata de salvar Palestina sino de propiciar que se libere, rompiendo el apoyo imprescindible de nuestros Estados al régimen sionista. **Es Palestina la que libera al mundo al encomendar a todos los pueblos a derrotar a sus regímenes capitalistas.**

Ello explica por qué la práctica totalidad de los Estados occidentales han tratado de ahogar la inercia de las acampadas. Cabe recordar que la represión lleva el sello israelí: las fuerzas policiales de nuestros Estados llevan tiempo siendo entrenadas por israelíes en sus técnicas de represión y se equipan con armamento y sistemas de seguridad desarrollados en el *apartheid* palestino. Es paradigmático el caso de los agentes del ICE que llevan a cabo las deportaciones en Estados Unidos: una policía altamente militarizada entrenada por israelíes que, como ellos, encarcela a menores y los separa de sus familias. Otro ejemplo es la tecnología de espionaje israelí como Pegasus, que se ha usado contra grupos políticos que el Estado español considera amenazantes. Más fértil que conceptualizar el imperialismo como algo que nos mancha moralmente es

entenderlo como algo que nos dispone a la brutalidad,
a inflingirla y a ser víctimas de ella. Si bien lo pensamos
como algo que ocurre en el extranjero, la tecnología y armamento desarrollado en las campañas imperialistas vuelve cual *boomerang* para usarse contra la clase trabajadora
nacional. Esto también funciona a la inversa: podemos
aprender de las tácticas de la resistencia en el Sur Global
contra las tecnologías que ahí se han ensayado y que ahora se usan para reprimirnos.

**La vinculación estrecha entre todos los oprimidos del
mundo nos invita a practicar hasta las últimas consecuencias la conexión de luchas.** Principios fundamentales de
un movimiento antimilitarista ambicioso como la reducción y fiscalización popular del gasto militar, la nacionalización de los sectores estratégicos y la condonación de
la deuda no se han de comprender como acciones que
se llevan a cabo en solitario, en el interior de nuestras
fronteras. Son proyectos que exigen de una mirada y organización internacionalista. Luchamos contra un sistema global, así que la lucha debe ser coordinada globalmente. Vienen tiempos de crisis y los capitalistas saben
que sus efectos desatarán la rabia de una gran parte de
la población. Este es un sistema ecológicamente insostenible que prefiere morir matando. El bloque neoliberal
está convergiendo en favor de valores y políticas cada vez
más fascistas. Debemos de entender la extrema derecha
como el flanco radical del capitalismo que busca prevenir
y, cuando sea necesario, sofocar la resistencia. Tienen de
su parte a la mayoría del ejército y los cuerpos de seguridad del Estado, fuerzas represivas que han entrenado
con el conocimiento y tecnología adquiridos en sus aventuras imperialistas.

No podemos ser ilusos, parten de una posición de ventaja respecto a nosotras. No vamos a detenerlos con un movimiento pacifista, ciego a las estructuras que engendra la guerra y basado en la apelación moral humanitarista. Pero la rabia es nuestra, el trabajo es nuestro y nuestro es el poder si nos organizamos, resistimos y movilizamos. **Un frente amplio de lucha contra la guerra puede derrotar sus aspiraciones imperialistas a la vez que nos liberamos de nuestras propias cadenas.** Cada día es más claro que esta es nuestra misión, solo falta creer que podemos ganar. Para ello, debemos atrevernos a luchar.

Atreverse a luchar es atreverse a ganar.

Si no te atreves a luchar, maldita sea, no mereces ganar.

Fred Hampton (1969), líder del Black Panther Party y fundador de la Rainbow Coalition

Agradecimientos

Este libro, como todo lo humano, no habría sido posible sin un esfuerzo colectivo. Gracias a Ricci Galiano y su presencia en todo el proceso: me animaste durante su concepción, ayudaste en su escritura y ahora impulsas su lanzamiento con nuestro *show La rabia es nuestra* en el Teatro del Barrio. Gracias a mi padre, por haber reproducido muy literalmente mi vida cocinándome durante la escritura. Gracias a las amigas y camaradas cuyas conversaciones y reflexiones han nutrido estas páginas. Y gracias a todas las que después las habéis revisado y cuyos comentarios me han hecho pulir y repensar el libro: Helena, Gil, Ekaitz, Proyecto UNA, Khalil Lara, Sistema_161, Lucas, Lola, Miquel, Sergio, Gadea, Saúl, Sònia, Alberto, Javi, Guillem, Alex, Carolina, Jorge, Pau, Joseja, Nacho, Lavín, Melus...

Lecturas relacionadas[1]

Primera parte: Tiempos rabiosos

2025 - «Cómo se construye el discurso negacionista». Luisa Martín Rojo. Segunda sesión del curso *Bulos, Negacionismo Climático y Extrema Derecha*.

2025 - *All In: A Revolutionary Theory to Stop Climate Collapse*. Mariana Rodrigues y Sinan Eden. Libro autopublicado.

2024 - «Bulos y desinformaciones sobre el paso de la DANA en el este y sur de España en octubre de 2024». Artículo en *Maldita.es*

2024 - «El valor epistémico de la ira/rabia: De la ira psicologizada a la rabia politizada». Dau García Dauer y Grecia Guzmán Martínez. Artículo en *Teknokultura. Revista de Cultura Digital y Movimientos Sociales* 21(1), 7-17.

1 Este libro opta por evitar formalismos académicos que obstaculizan la lectura de quien no está acostumbrado a ellos, incluyendo las citas formales. Aquí encontrarás a modo de bibliografía un volcado de referencias y lecturas recomendadas, divididas según en qué parte del libro son relevantes. Para facilitar su accesibilidad se ha decidido ordenarlas en base a la fecha de publicación y destacando primero su título.

286 La rabia es nuestra

2024 - *Trumpismo discursivo: Origen y expansión del discurso de la ola reaccionaria global.* Laura Camargo. Libro en Editorial Verbum.

2024 - *Política del malestar.* Alicia Valdés. Libro en Debate.

2024 - «A computational analysis of potential algorithmic bias on platform X during the 2024 US election». Timothy Graham y Mark Andrejevic. Artículo en *Queensland University of Technology ePrints.*

2022 - *A brief history of equality.* Thomas Piketty. Libro en Harvard University Press.

2022 - *Profiting from pain.* Informe de Oxfam.

2019 - *Irony and Outrage: The Polarized Landscape of Rage, Fear, and Laughter in the United States.* Dannagal Young. Libro en Oxford University Press.

1988 - «El progreso técnico como problema culturológico». Yuri Lotman. Artículo en *La semiosfera I. Semiótica de la cultura y el texto,* 214-236.

Segunda parte: El exilio de la rabia

2025 - «Los Angeles, or the End of Assimilation». Victor Artola. Artículo en illwill.com.

2024 - «Rabia movilizadora y comunicación para la igualdad. Análisis de la campaña #Seeingred sobre pobreza menstrual». Andrés del Campo, Susana y Gómez de Carvallo y Fátima Martín. Artículo en *Teknokultura. Revista de Cultura Digital y Movimientos Sociales* 21(1), 19-27.

2023 - «Mujeres en lucha. La revuelta de las faeneras. Málaga, 1918». Raquel Zugasti. Artículo en *Libre pensamiento,* (113), 25-32.

2022 - *Acción Travesti Callejera Revolucionaria: supervivencia, revuelta y lucha trans antagonista.* Sylvia Rivera y Marsha Johnson. Libro en Imperdible.

2022 - «"There is no abolition without anti-psychiatry": The Fight for Psychiatric Abolition». Colectivo Campaign for Psychiatric Abolition. Artículo publicado en *DOPE.*

2021 - *Peregrinajes. Teorizar una coalición contra las múltiples opresiones.* María Lugones. Libro en Editorial del Signo.

2021 - «Outraged/enraged: The rage special issue». Carla Kaplan, Sarah Haley y Durba Mitra. Artículo en *Signs: Journal of Women in Culture and Society* 46(4), 785-800.

2019 - *Buenas y enfadadas.* Rebecca Traister. Libro en Capitán Swing Libros.

2019 - *La promesa de la felicidad.* Sara Ahmed. Libro en Caja Negra.

2018 - *Vivir una vida feminista.* Sara Ahmed. Libro en Bellaterra.

2018 - *Rage becomes her: The power of women's anger.* Soraya Chemaly. Libro en Atria Books.

2018 - «On anger, silence, and epistemic injustice». Alison Bailey. Artículo en *Royal Institute of Philosophy Supplement* 84, 93-115.

2017 - «The Aptness of Anger». Amia Srinivasan. Artículo en *Journal of Political Philosophy,* 26(2), 123-144.

2016 - «"We are the Mau Mau": Kenyans share stories of torture». Jose Miguel Calatayud y Phil Moore. Artículo en *Al Jazeera.*

2015 - *The Rebellious Life of Mrs Rosa Parks.* Jeanne Theoharis. Libro en Beacon Press.

2014 - «Psychotherapy under Capitalism: The Production, Circulation and Management of Value and Subjectivity». Ian Parker. Artículo en *Psychotherapy and Politics International,* 12(3), 166-175.

2012 - *In Defence of The Terror: Liberty or Death in the French Revolution.* Sophie Wahnich. Libro en Verso Books.

2012 - «Women and Hysteria in the History of Mental Health». Cecilia Tasca, Mariangela Rappetti, Mauro Giovanni Carta y Bianca Fadda. Artículo en *Clinical Practice and Epidemiology in Mental Health: CP & EMH,* 8, 110-119.

2008 - «From Terrorism to Socialism: The Role of Anushilan Samiti». Keka Datta Roy. Libro. En *Proceedings of the Indian History Congress. Indian History Congress,* p. 574-586.

2004 - *The Cultural Politics of Emotion.* Sara Ahmed. Libro en Edinburgh University Press.

1989 - *Talking Back: Thinking Feminist, Thinking Black.* bell hooks. Libro en Sheba Feminist Publishers.

1974 - *El poder psiquiátrico.* Michel Foucault. Curso del Collège de France.

1984 - *Sister Outsider: Essays and Speeches.* Audre Lorde. Libro en Crossing Press.

1981 - «The Uses of Anger». Audre Lorde. Artículo en *Women's Studies Quarterly* 9(3), 7-10.

1981 - «El trabajo doméstico toca a su fin: una perspectiva de clase». Angela Davis. Capítulo en el libro *Mujeres, Raza y Clase* (cap. 13).

1973 - «Telangana People's Armed Struggle, 1946-1951. Part One: Historical Setting». Puccalapalli Sundarayya. Artículo en *Social Scientist* 1(7), 3-19.

1970 - *Hacer de la enfermedad un arma*. Colectivo Socialista de Pacientes. Libro en Editorial KRRIM.

1961 - *Los condenados de la tierra*. Frantz Fanon. Libro en Grove Press.

1938 - *The Black Jacobins*. C. L. R. James. Libro en Secker and Warburg.

Tercera parte: Suyo es el asco

2025 - *Enemy Feminisms: TERFs, Policewomen, and Girlbosses Against Liberation*. Sophie Lewis. Libro en Haymarket Books.

2025 - «Trump, Fascism and the Authoritarian Turn». D. K. Renton. Artículo en *Spectre Journal*.

2025 - «A Spectre is Haunting Europe. Transmisogyny and the Far-Right Critique of Global Capitalism». Felix del Campo. Artículo en *Historical Materialism*.

2025 - *Anatomía de la frontera. Una perspectiva filosófico-política*. Juan Carlos Velasco. Libro en Editorial Tecnos.

2024 - «Machosfera, discursos de odio y algoritmización de la esfera pública». María Ávila Bravo-Villasante. Artículo en *Teknokultura. Revista de Cultura Digital y Movimientos Sociales* 21(1), 69-77.

2024 - *Piel blanca, combustible negro. Los peligros del fascismo fósil*. Andreas Malm. Libro en Capitán Swing.

2024 - «Cómo la ultraderecha te robó a un amigo: la construcción del acontecimiento y la radicalización». Juan Felipe. Vídeo en el canal de Youtube Café Kyoto.

2024 - «Women's engagement with the far right: A quest for a more holistic understanding». Katherine Williams. Artículo en *Religion Compass*, 18(5).

2024 - «Persecution Terminable and Interminable: Zionism's circuit of retributory violence». David Markus. Artículo en *Parapraxis Magazine*.

2023 - «Angry Posts Mobilize: Emotional Communication and Online Mobilization in the Facebook Pages of Western European Right-Wing Populist Leaders». P. Gerbaudo, C. C. De Falco, G. Giorgi, S. Keeling, A. Murolo y F. Nunziata. Artículo en *Social Media + Society* 9(1).

2023 - «Los algoritmos funcionan como una máquina de radicalización dirigidas a los jóvenes». Laura Bates (entrevistada) y Lio S. Delgado (entrevistador). Artículo en *El Salto Diario*.

2023 - *Notes on Trumpscape: Politics, Aesthetics and the Fantasy of Home*. David Markus. Libro en Punctum Books.

2021 - «Los memes y los "hombres meme"». Iván Gómez Beltrán. Artículo en *LaEscena*.

2021 - «Agresores cobardes y nazis gais: cuando usamos el lenguaje de la hombría como insulto». Iván Gómez Beltrán. Artículo en *El Salto*.

2021 - «From Lynching to Central Park Karen: How White Women Weaponize White Womanhood». Megan Armstrong. Artículo en *Hastings Women's LJ*, 32, 27.

2021 - «What Is A Meme?». Claudia Vulliamy. Artículo en *The Philosopher's Meme*.

2020 - «A la caza del aliado o la muerte de la "nueva masculinidad"». Lionel S. Delgado. Artículo en *El Salto*.

2019 - *Leia, Rihanna & Trump: De cómo el feminismo ha transformado la cultura pop y de cómo el machismo reacciona con terror*. Proyecto Una. Libro en Editorial Descontrol.

2019 - *Gender hate online: Understanding the new anti-feminism*. D. Ging y E. Siapera (eds.). Libro en Palgrave Macmillan.

2018 - *El Patronato de Protección a la Mujer: Prostitución, Moralidad e Intervención Estatal durante el Franquismo*. Carmen Guillén Lorente. Tesis en Universidad de Murcia.

2017 - *Ensamblajes terroristas: El homonacionalismo en tiempos queer*. Jasbir Puar. Libro en Bellaterra.

2017 - *Angry White Men: American Masculinity at the End of an Era*. Michael Kimmel. Libro en Hachette UK.

2017 - *Masculinidades y feminismo*. Jokin Azpiazu. Libro en Virus.

2013 - *Memes in Digital Culture*. Limor Shifman. Libro en MIT University Press.

1983 - *Construir el acontecimiento.* Eliseo Verón. Libro en Gedisa.

1977 - «Nonsynchronism and the Obligation to Its Dialectics». Ernst Bloch y Mark Ritter. Artículo en *New German Critique,* (11), 22-38.

1949 - *El segundo sexo.* Simone de Beauvoir. Libro en Gallimard.

1851 - «Ain't I a Woman?». Sojourner Truth. Discurso pronunciado en la Convención de Derechos de la Mujer (Akron, Ohio).

Cuarta parte: Un mundo en llamas

2025 - «Bioaccumulation of microplastics in decedent human brains». Alexander J. Nihart *et al.* Artículo en *Nature Medicine,* 31, 1114–1119.

2025 - «Circularity Gap Report (2024 y 2025)». Informe de Circle Economy.

2025 a 2022 - Informes de OXFAM sobre la desigualdad: «El saqueo continúa: Pobreza y desigualdad extrema, la herencia del colonialismo» (2025), «Carbon Inequality Kills» (2024), «Desigualdad S.A.» (2024), «Igualdad Climática: Un planeta para el 99 %» (2023), «La Ley del Más Rico» (2023), «Beneficiarse del sufrimiento» (2022), «Un retraso peligroso 2: el precio de la inacción» (2022).

2025 - «I Don't Make A Fetish Out Of Nonviolence». Entrevista a Ray Luc Levasseur por Unity of Fields.

2024 - «When eco-anger (but not eco-anxiety nor eco-sadness) makes you change! A temporal network approach to the emotional experience of climate change». Alba Contreras *et al.* Artículo en *Journal of Anxiety Disorders*.

2024 - *Las sublevaciones de la tierra. Abecedario para desarmar el colapso ecosocial.* 40 voces. Traducción de Jesús García Rodríguez. Libro en Virus Editorial.

2024 - «Cómo sobrellevar el auge de los negacionismos en un mundo en crisis». Astrid Wagner y Teresa Moreno Olmeda. Artículo en *Ambienta,* n.º 138 , 10-17.

2024 - «Olvidemos al ecomodernismo». Kai Heron. Artículo en *Jacobin América Latina.*

2024 - «Destruction is the only cultural expression left». Ravahol Mutt. Artículo en *New Socialist.*

2024 - «Doom to the Pipeline. Interview with a protestor facing felonies for resisting the Mountain Valley Pipeline». Entrevista a Branch por Unity of Fields.

2024 - *The Routledge Companion to British Women's Suffrage*. Krista Cowman (ed.). Libro en Routledge.

2024 - «Vínculos entre desokupas y los nazis». Artículo en sistemapunk.com

2023 - «The strength and content of climate anger». Thea Gregersen, Gisle Andersen y Endre Tvinnereim. Artículo en *Global Environmental Change*, 82.

2023 - *The Tragedy of the Worker: Towards the Proletarocene*. Salvage Collective. Libro en Verso Books.

2023 - *Menos es más: Cómo el decrecimiento salvará al mundo*. Jason Hickel. Libro en Capitán Swing.

2022 - «Activistas climáticos tapan con cemento tres hoyos del Club de Campo, sede del Acciona Open de España». Noticia en *El Mundo*.

2021 - *How to Blow Up a Pipeline*. Andreas Malm. Libro en Verso Books.

2021 - «Un extrabajador denuncia que Desokupa es una organización criminal "que delinque para enriquecerse"». Gessamí Forner. Artículo en *El Salto*.

2018 - *Defenderse: Una filosofía de la violencia*. Elsa Dorlin. Libro en Hekht.

2016 - *Riot. Strike. Riot: The New Era of Uprisings*. Joshua Clover. Libro en Verso Books.

2014 - *This Nonviolent Stuff'll Get You Killed: How Guns Made the Civil Rights Movement Possible*. Charles E. Cobb Jr. Libro en Basic Books.

2014 - *The Future We Chose: Emerging Perspectives on the Centenary of the ANC - Africa Institute of South Africa*. Busani Ngcaweni (ed). Libro en Africa Institute of South Africa.

2013 - «Spontaneity, Mediation, Rupture». Endnotes Collective. Capítulo en *Endnotes 3*.

1970 - *The Black Panthers Speak*. Philip S. Foner (ed.). Libro en Haymarket Books.

1962 - *Negroes with Guns*. Robert F. Williams. Libro en Marzani & Munsell.

Quinta parte: Cómo organizar la rabia

2025 - *Manual para destapar a un policía infiltrado.* Libro en Dos Cuadrados.

2025 - *Organizarnos, Luchar, Vencer: Escritos políticos de mujeres negras comunistas.* Charisse Burden-Stelly y Jodi Dean (eds). Libro en Verso Libros.

2025 - *We Are the Union: How Worker-to-Worker Organizing Is Revitalizing Labor and Winning Big.* Eric Blanc. Libro en University of California Press.

2025 - «Cuaderno 3. El sentido común punitivo». Colectivo Cantoneras. En revista *Cuadernos de Estrategia.*

2025 - *Camarada.* Jodi Dean. Libro en Verso Libros.

2025 - «¡Lo queer es total, tíe!». Ira Hybris y Ricci Galiano. Artículo en *Vientosur.*

2025 - *Comunismo y estrategia.* Isabelle Garo. Libro en Sylone.

2024 - *La viralidad del mal.* Proyecto Una. Libro en Descontrol Editorial.

2024 - *Comuntopía: Comunes, postcapitalismo y transición ecosocial.* César Rendueles. Libro en Akal.

2024 - *No hay atajos: Organizar el poder sindical.* Jane McAlevey. Libro en Verso Libros.

2024 - «First We Take Columbia: Lessons from the April 1968 Occupations Movement». Anónimo. Artículo en *Ill Will.*

2023 - *After Accountability.* Pinko Collective. Libro en Haymarket Books.

2023 - *Rules to Win By: Power and Participation in Union Negotiations.* Jane MacAlevy. Jane McAlevey y Abby Lawlor. Libro en Oxford University Press.

2023 - *Militancia alegre. Tejer resistencias, florecer en tiempos tóxicos.* Carla Bergman y Nick Montgomery. Libro en Traficantes de Sueños.

2023 - *Mutantes y divinas.* Ira Hybris. Libro en Kaótica Libros.

2022 - «Climate Leninism and Revolutionary Transition: Organization and Anti-imperialism in Catastrophic Times». Kai Heron y Jodi Dean. Artículo en *Spectre.*

2022 - *Apoyo mutuo: construir solidaridad en sociedades en crisis.* Dean Spade. Libro en Traficantes de Sueños.

2022 - *Totality Inside Out: Rethinking Crisis and Conflict under Capital.* Kevin Floyd, Jen Hedler Philips y Sarika Chandra (eds). Libro en Fordham University Press.

2022 - *Constructive Criticism: A Handbook.* Vicki Legion. Libro en Foreign Languages Press.

2022 - *El capitalismo o el planeta: cómo construir una hegemonía anticapitalista para el siglo XXI.* Frédéric Lordon. Libro en Errata Naturae.

2021 - *Todo el mundo puede ser ANTIFA: Manual práctico para destruir el fascismo.* Pol Andiñach. Libro en Plaza & Janés.

2020 - *La política de todes.* Holly Lewis. Libro en Bellaterra.

2020 - *Identidades mal entendidas: raza y clase en el entorno del supremacismo blanco.* Asad Haider. Libro en Traficantes de Sueños.

2013 - «Exiting the Vampire Castle». Mark Fisher. Artículo en *The North Star.*

Epílogo

2025 - «Axes of Resistance: Attrition amid Israel's Occupation». Séamus Malekafzali. Artículo en *Parapraxis Magazine.*

2025 - «El gasto militar y el rearme de España en 2025». Centre Delàs. Informe en centredelas.org

2024 - «Against singularity Palestine as symptom and cause». Sami Khatib. Artículo en *Radical Philosophy* (216), 21-32.

2024 - «The Immanent Garrison: Settlerism as Institutionalized Ideology». Joshua Moufawad-Paul. Artículo en *Material Journal.*

2022 - *Decolonial Marxism: Essays from the Pan-African Revolution.* Walter Rodney. Libro en Verso Books.

2022 - *The Dialectics of Dependency.* Ruy Mauro Marini. Libro en Monthly Review Press.

2020 - *Arab Marxism and National Liberation: Selected Writings of Mahdi Amel.* Mahdi Amel. Libro en Haymarket Books.

2019 - *Value Chains: The New Economic Imperialism.* Intan Suwandi. Libro en Monthly Review Press.

2018 - *Modern Imperialism, Monopoly Finance Capital, and Marx's Law of Value.* Samir Amin. Libro en Monthly Review Press.

2018 - «The New Debt Colonies». Jerome Roos. Artículo en *Viewpoint Magazine.*

2014 - «The Greek Crisis: A dual crisis of overaccumulation and imperialist exploitation». Stavros Mavroudeas y Dimitris Paitaridis. Capítulo en *Greek Capitalism in Crisis,* Routledge.

2003 - *The New Imperialism.* David Harvey. Libro en Oxford University Press.

1917 - «Tesis de Abril». Vladimir Lenin. Artículo en *Pravda.*